南宁风景，铺排的是一种安静而又干净的心情。

文化南宁

山水沉香

Sanh Suij Cinz yangh

主编　罗世敏

广西民族出版社

图书在版编目（C I P）数据

山水沉香 / 包晓泉撰文． — 2 版． — 南宁：广西民族出版社，2012.3
（文化南宁 / 罗世敏主编）
ISBN 978-7-5363-6370-0

Ⅰ．①山… Ⅱ．①包… Ⅲ．①名胜古迹—介绍—南宁市 Ⅳ．①K928.706.71

中国版本图书馆 CIP 数据核字（2012）第 036170 号

SHANSHUI CHENXIANG

山水沉香

罗世敏 主编
包晓泉 撰文

出版发行	广西民族出版社（地址：南宁市桂春路 3 号 邮政编码：530028）
发行电话	（0771）5523216 5523226 传真：（0771）5523246
E-mail	CR@gxmzbook.cn
出版人	朱俊杰
终审	徐美
责任编辑	隆海人 何杏华
封面设计	王华琳
责任印制	蓝剑风
印刷	广西民族语文印刷厂
规格	787 毫米 ×1092 毫米 1/16
印张	10.5
字数	168 千
版次	2013 年 3 月第 2 版
印次	2013 年 3 月第 2 次印刷

ISBN 978-7-5363-6370-0 / K · 137 定价：28.00 元
如发现印装质量问题，影响阅读，请与出版社联系调换。 电话：（0771）5523219

《文化南宁》编辑委员会

序：

行走中的温润和清香

南宁不是一个自产美女的城市。

这个结论，出自数不清的南宁人之口，也出自许多在南宁待过一年以上的北方朋友之口。

我的一位年轻同事，曾经为了这个结论，在南宁星湖路北边的一间房子里痛苦过很长一段时间。我特别能够理解年轻时代的幻想和偏激，但他的某种感觉，实在冤枉了南宁。

南宁少出美女，但是对于美女，南宁有一份性情中的吸引。这是一个包容性很强的城市，平和，温润，不刻意勉强什么，也不刻意排斥什么。这注定了它有一种移民城市的品质，任何人进来，都不会有太持久的陌生和隔阂，连普通话，也自然而然地演变成这个城市的典型语言。盛产美女的桂北地区乃至外省的人口，在几十年间不断进入南宁，终于使现在的南宁人，更多地在夜晚的苏荷、乐巢、名典、民歌湖酒吧街旁边体会到了什么叫做“美女飘街”。

南宁的很多特性，好像都是为适合人居这一目的存在着的。

比如无处不在的树。

比如空气里从不缺少的植物的淡淡清香。

还比如这里一片那里一片，似乎很不著名，却让你愿意经常去行走一下的闲闲风景。

“疏影横斜水清浅，暗香浮动月黄昏。”

这样的句子，本来是写西湖的，但是用在南宁身上，也像定做的旗袍一样合体。

下雨或不下雨，对于南宁来说，几乎是各占一半。如果下雨了，那么这个城市的影子，就会显得更温润一些，更南方一些。

在雨里看这里的山水草树，有时候，人会迷离得不知身在何处，不知今夕何夕。

南宁没有秦砖汉瓦，也没有扑面而来的现代惊艳，它的城市的味道，它的风景的味道，是在每一次日出和日落之间，慢慢慢慢透出来的。

一位大学同学从北京来，碰巧我出差，就由别的朋友陪着在南宁晃了两天。后来他发短信给我，说，你的南宁，其实挺好的，只是……他用一串省略号作为结尾，表达一种似是而非、似非而是的感觉。

我不知道他最终想说什么，也没问。作为一个没有及时出现的东道主，我真的不好意思再去追问更多的意思，只能向他发出类似于“下次吧”这种笨得让人脸红的邀请。

也许，在有限的时间内，陪他的朋友想不起带他去看南宁的什么，甚至傻傻地告诉他，没什么呀，南宁的风景，没什么看的。

南宁有风景吗？

南宁没风景吗？

宋朝的王容溪写过两句词，一句是“林下一溪春水，林上数峰岚翠”，一句是“无事，无事，石上坐看云起”。他那支笔，当然在写风景，但所有的字动起来时，你敢说，那里面仅仅是风景吗？

南宁风景，铺排的是一种心情。

在爬满衣襟的温润和清香里行走，心情，很容易变得安静而又干净。

人在大多数时候，总是显得很累。

累形，也累心。

在一个没有压迫感的城市里，在一处又一处平和亲切的自然风景或人文风景里，累坏了的人，也许会很舒服地就瘫倒在一张精神的床上。

所以，南宁是值得来的。

所以，四处走走吧。

面对风景，蠢蠢欲动没有什么不对。

目录 CONTENTS

南湖水岸

在水岸边打滚

南湖水岸景区，紧靠南宁埌东开发区，贴着双拥路、滨湖路依次铺开，水域面积一百公顷，强调亚热带自然园林的观赏，也强调休闲空间的亲水性、绿地性和科技风格。南湖广场上的水幕电影水景工程，集音乐喷泉、激光造型和水幕电影为一体，有六千多个水喷头、八千多盏水下彩灯、三十多种最新水型和五百多种变化、两百多首中外名曲和五十多套激光节目编排，被中国水景喷泉委员会定位为“亚洲目前最大的综合水景工程”。

在 1999 年以后的南宁，南湖代表着一种时尚。

环绕水域的房价是最贵的。

离岸不远的酒肆、食府是最鲜活的。

水岸边的大树是最怪的，草地是最多的，水幕电影是最吊人眼球的。

我陪一位呼和浩特电台的编辑去南湖，最先看的，却是一片不太让人注意的果树。在我的鼓励下，她到南宁的头一件事，就是吃下一大把荔枝，然后开始不停地追问荔枝树的样子。在看到荔枝树的同时，她也看到了柚子树、菠萝蜜树和人面果树……几十种从没见过的南方水果的树枝丫，一下子活生生地在她面前摇曳，使她瞬间露出一种很没有准备的表情。

她说，真想把这些树都搬回去，种在窗前面。

我想，这句话后面的意思就是，她太渴望那种完全没有压力的精神状态了。

顺着她的心情，我把她带到了相隔不远的兰花圃和盆景园。兰花圃已经存在了超过三十年，种有兰花五十多种、一千多盆，春兰、建兰、夏蕙、墨兰、火焰兰等等，在亭廊水榭和小桥流水间漫吐芬芳。什么叫做“暗香浮动”？我想那就是。

再走，是盆景园。其实盆景这一味东西，也是南方比较多，带有古代南方文人工于雕琢、细致曲折的心态和遗风，把山水缩小了，放在一个自己看得见、摸得着的地方。盆景是讲究的，讲究得连置放盆景的亭、廊、棚、径、水、桥、石也不放过，一律设计得精巧迂回、

玲珑乖奇。山石盆景和树桩盆景，从曲径回廊后面，大大小小地闪出来，在城市巨大的影子里努力调和出一种相对的古典气息。

从一条竹林小路走出来，那位电台编辑突然跟我说，哎，你说，我要是在这里住三年，会不会也变得跟你们南方人一样多愁善感啊？我说，不会，你的草原情结注定你不会，这里的景致和草原是一种反差，你只要来过，看过，就行了。

我们有一搭没一搭地说着话，一不注意，就已经在南湖广场的边沿上了。

看得出，她特别喜欢那一大片绿草地上，一株又一株奇形怪状站着的大树。

像个大树博览园，她说。

还真就是大树博览园。

这里的大树，密集到有六百多棵，二十多个种类。如此密集而又疏落有致的大树种植，无论如何，都是对行人视线的一种挑逗。高高低低的墨绿之中，中国树和外国树，都在这里找到了某种栖居的平衡。在形状上，高大的澳洲佛肚树绝对是一个另类，它竖在那里，根本就

是一身无法否认的从容，那突然鼓突起来的树肚子里，仿佛奇怪地装进了远离澳洲的东方佛语。

在夕阳明亮的背景中，树群是剪影式的，贴成了一张半抽象的书籍插图。

那顿晚饭，我们是在双拥路旁边的海鲜广场吃的，从湖边走过去，只隔着一条马路。

餐桌上，分别属于北方和南方的两个人，像真的一样讨论了好些关于南方和北方的话题。说什么已经不重要，让我记住的是，说的过程，也就是她对南宁愈加认同的过程。

我决定再让她去看看南湖广场上的水幕电影，感受一下南宁普通人家的某一类周末生活。

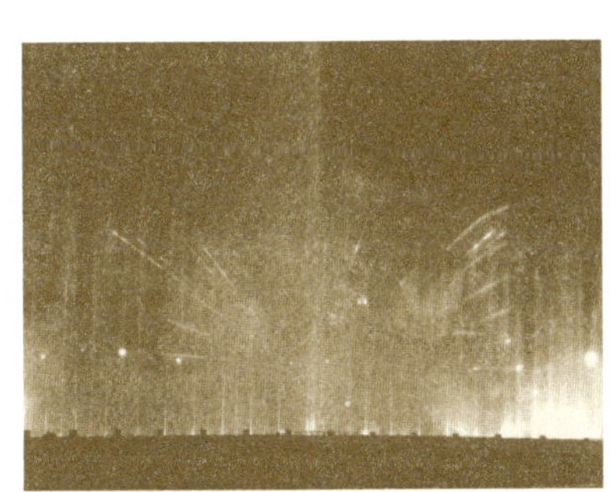

我们再次走到湖边，喷泉的水柱，已经在音乐里冲了起来。

白白一片的水雾。激光在跳梦幻舞。三维人像从水里跑出来。

当所有的水柱都喷起来，弥漫成一面宽大的水墙时，水幕电影的画面终于在白色的水墙上出现。对一个南宁的普通老太太来说，她可能永远也理解不了高科技，但你跟她说水幕电影，她懂。

那个场景的迷幻和特别，写

是写不来的，写了，也是枉费心机。

于是不写。

我的编辑朋友并没有太惊讶于水幕电影，却惊讶于水岸边大片大片的柔软的草地。我奇怪一个来自草原的人，为什么会对南宁的草地有这样的反应。两码事，她说，这是两个完全不同的概念。我说，那你就在上面打个滚吧，把这个概念记得死死的。她瞪着我说，你以为我不敢？

她真的就当着我的面滚到草地上，然后，对着星星笑起来。

城市有绿肺

青秀山风景区，在市区东南方向，紧靠邕江北岸，海拔最高近三百米，有青山、凤凰岭、雷劈岭等大小山峦十余座，泉清石白，林木森碧，松堆塔影，风砌梵音，拥有整个城市中负氧离子最多的高质量空气，2000 年被评为全国首批 AAAA 级风景旅游区示范点，是 1999 年南宁国际民歌艺术节和 2000 年中国金鸡百花电影节大型活动开幕式举办场地。

青秀山龙象塔

青秀山水月庵

我的一个同城好友，每逢初一、十五都要去进香，求缘，求财，求因果。他开的茶店里挂着一副联子，很有点静思的味道，联云：“春日花解语，静夜玉生香。”

他去进香的地方，就是青秀山。

青秀山有寺有庵。寺是观音禅寺，庵是水月庵。

山上最早的寺，北宋时就有了，名字却变来变去，叫过白云精舍，也叫过三宝堂。现在的观音禅寺不再古老，但南宁大多数信佛或信缘的人，初一、十五都跑上来巴巴地烧几炷香。很奇怪的是，寺里，不但供着全国手工最精美的檀香木镀金观音主像和东南亚最大的玉卧佛像，也供着全国最大的关公铜像，甚至还供奉过壮族创世大神布洛陀和智慧母神姆六甲。

水月庵则清净得多，四殿两堂，青灯绰绰，木鱼声声。我是一个很少烧香的俗人，但水月庵门上的那副对联，还是让我读得很舒服：“水有杨枝遍洒人类，月无尘垢如见佛心。”

青秀山董泉

离庵不远是董泉，实际上是一眼叫龙涎井的方井，因为泉眼是由明朝刑部主事董传策发现的，别人干脆就把泉叫做董泉。南宁城区以前有不少泉和井，但现在，那些让人怀念的泉口已经消失得差不多了，不知道这是不是一个城市现代化进程中必须付出的代价。不过，泉和井总是本地老人很难忘记的东西，比如公园路上紧挨在一起的双孖井，鼎盛时期的繁忙情景，常常还会出现在报纸上的某篇文章里。所以，离城不远的董泉，对南宁人来说已渐渐成了关于水井记忆的一份药引子。

青秀山上最张扬的，是塔，一座叫龙象塔，一座叫凤凰塔。从远远的地方看几抹山影，只有塔是不会认错的。有朋友从外地来，没上过山的，会问那有塔的地方是什么；上过山的则会问，那塔，是否就是自己爬过的什么什么。塔，对青秀山而言，是一个招人的标志。

龙象塔高九层，有全广西最高的塔身，塔内以二百多级旋梯直通塔顶，登高望远，一整条邕江和南宁这个城市之间的逻辑关系，很容易就让人梳理出来。毕竟，世界上的绝大多数城市，都是和某一条河流捆绑在一起的，连沙漠中的巴格达，不也有一条底格里斯河吗？

凤凰塔在凤凰岭上，是景区的最高点，在不下雨的日子里，你甚至可以从这里看到南宁属下的邕宁和武鸣。南宁盆地湿热的概念，在这里，好像并不存在。

塔，当然已经不是六百年前的明朝原装，但在极目远眺的愉悦里，古不古，又有什么所谓？

青秀山是南宁的一个肺。

从这个意义上说，动物生命对植物生命，有一种无法否认的本质

依赖。

在中央电视台的全国空气质量播报里，南宁的空气质量指数总是居于前列，这和南宁的“半城绿树半城楼”有关，也和青秀山的存在有着莫大的干系。南宁的额上，飘着一面名叫“绿城”的诗意旗帜。

青秀山在南宁城边，不停释放着成片林木的幽幽呼吸，从上风带顺下来，一直进到南宁的骑楼和深巷，渗透到每一声凉茶和芝麻糊的叫卖里。

绿肺中的“雨林大观”和“苏铁园”，有着让人不忍拒绝的繁荫佳木的勾引。

雨林大观散发着热带雨林独有的原始味道，植物在这里还原了它们的自由本性，林木疯长，藤蕨乱爬，花儿们在林间透下来的细碎光斑里专心地开放或凋谢，一片由栖鸟叫出来的寂静里，你几乎可以听到树枝拔节的声音。

似乎异常平静的雨林区里，植物和植物之间，同样有着残酷的生存竞争，相互的绞杀和共生、不同的寄生和附生满眼皆是。

但是，这里没有阴谋，有的，只是面对面的坦荡和互相给予的尊严。获得或者失去，都是一种无法指责的结局，这是植物世界公平的竞争秩序和生存法则。

人，可以这样透明吗？

所以，进到林区的人，绝对能够在这里丢开戒备的外衣，找到一

种和植物共享的平等与平和。

苏铁园，则可以让人在想象中体味某种史前的神秘。苏铁是一种树，相对于桫椤，它的名字显得更陌生一些，但它们的祖先和恐龙一样，都见证过侏罗纪的每一次沧桑巨变。苏铁的每一片叶子上，都写满了“古老”两个字。

青秀山泰国园

这个园，是全中国最大的苏铁园，保存了世界各地的苏铁近三十种，最大的一棵，树龄超过一千年。

这样的树，难道不值得人类尊重吗?

在青秀山铺天盖地的绿意里，进来的人，一定还见过天池、瑶池、

棕榈园和由泰国孔敬市设计师设计的泰国园。如果说天池和瑶池的名字显得有点夸张的话，那么棕榈园和泰国园，则绝对是名副其实的两处。

我见过一对年轻夫妻，先生不知为何辞了职，带着他的太太到青秀山景区外围租下一小块地，起了一间木房子，养着两条大狗和一群鸡，到现在，已经好些年了。我们常常上去吃他养的鸡，然后给一点不高的费用。那些在青秀山纯净空气里满坡跑着的鸡，实在叫人回味又回味。在今天的南宁，这种事情总是有点另类。我不知道他们的真实想法，也没有勇气照方抓药，但可以肯定的是，所有知道这件事的人，都对他们每天晚上能够听松而眠极端羡慕。

青秀山像南宁的肺一样呼吸着。

山上的人，最真切地感觉着绿肺的每一次开合。

青秀山凤凰塔

抚摸菩提

良凤江国家森林公园，位处市区以南，距市中心约十公里，以森林浴和阴阳菩提著名，一眼一婆娑，一步一绿梦，为城市人群提供了一种无需远足的对自然本源的体验方式，是林业部批准建立的广西最早的国家级森林公园，属国家 AAAA 级旅游景区。

写这本书的时候，我就住在良凤江一间离菩提树很近的房子里。

窗前，时不时有一片菩提叶子隔墙飘来，有人在山庄里大声念着不知谁写的对子："菩提做主，四海有缘皆兄弟；山庄留客，十里无处不风光。"

良凤江风光

阴阳菩提树

我曾专门接一位老人进来，为了看一下绿绿的林子，也为了看这里那棵特别不一样的菩提树。那是个信佛的老人，一辈子与人为善，诵经念佛，却一直没见过菩提山庄旁边那棵也许是国内唯一的阴阳菩提。老人当然知道，佛祖释迦牟尼正是在菩提树下沉思七年，才顿悟了顺逆观十二因缘，终于成就佛教。

老人见过菩提，但没见过十多米高而又阴阳合二为一的罕见菩提。在树前面，老人脸上有一种圣洁得不容侵扰的神情。

关于佛，我知道得实在不多，但我很愿意和所有到树下祈祷的凡俗者一样，相信这棵奇特的佛家圣树，会给自己带来无法确定细节的如意和吉祥。

在大多数东方人的精神世界里，信佛也好，不信佛也好，因果循环总是一个抵抗现实尘埃的理想坚壳。树看过，香上过，佛拜过，心里，很自然又会升起新的向往和期待。

对菩提的阴阳，我是从树叶上看出来的，分杈上去的树干上，一

边是大叶，一边是小叶。风吹树响，小叶大叶一起摇。每年三月，这棵菩提会在几天里把一树叶子掉尽，又在几天里把新叶子长回来，让附近的人家看得唏嘘不已。

抚摸菩提，一瞬间，竟会让人生出一种跏趺而坐的冲动。

良凤江森林公园有两个时尚的标签：

森林浴。

天然氧吧。

在这两个标签后面，是华南地区最大的树木标本园、占地近三十公顷的“植物王国”。这里，引种和培育了一百多科近两千个树种，绿林叵密，花递悄香，鸟语声声伴水。

夏天，带一身烦热进来，应该是爽呆了的感觉，恍如“前山急雨过溪来，尽洗却人间暑气”，根本不用再去问什么“浓阴知几许”了。

广西最硬的木头，一是格木，二是枧木，三是金丝李。看这三种树，你不一定想到什么，但如果说枧木能做最好的天然砧板，甚至，

你家里就有这样一块砧板时，你也许就会像故人相见，不肌肤相亲一下，又怎么会就此甘心?

大多数树种都会有一张铭牌，什么种，什么名分，什么渊源，但有一种树是永远也不会标给你看的，那是这里唯一的一棵，也是最吓人的一棵，这棵树，名叫“见血封喉”。这个名字总会叫人想了又想，武侠、轻功、飞镖、利箭，唉，不说也罢，且让它孤独而安静地生长，回到古代的梦里去吧。

当你从狮子岭上看绿染山峦时，实际上已经洗了很久的森林浴。在这片幽树缠生的林子里，不说“森林浴”三个字，似乎总是显得不够时尚，尽管在这个词出现以前，我们已经把这样的沐浴进行过无数回。不管怎样，这种荡涤身心的过程，肯定是现代人类最不拒绝的休闲方式之一。

还有天然氧吧，也是一种时髦的总结性称呼。吸氧就吸氧了嘛，还要和一个“吧”字连在一起，不进“吧”，也就不前卫了。但不叫“吧”，又叫什么呢？氧舱？氧河？氧海？确实颇费思量。哎，只要是天然的，“氧吧”就“氧吧”吧。

氧吧的重点不在“吧”，而在“氧”。据测定，南宁市区每立方米空气含负氧离子约一千个，而这里是十万个；市区每立方米空气细菌含量约四百个，这里低于两百个。

如此高的负氧离子含量，你来不来？

天然氧吧和森林浴场，差不多是一回事，只是，前者更偏于洗心洗肺，后者更偏于洗肤洗形洗眼睛。

良凤江的一绝，是鹿，梅花鹿。

这里的梅花鹿，是以一群一群来计算的，它们那优雅而又有点忧郁的气质，明确地告诉了人类什么叫做本质的善良。

三百多匹鹿，每天，都在岭上岭下和林间花丛里制造着人类诗意的想象与安慰。

鹿的奔跑姿态和奔跑速度，常常让人嫉妒，但在良凤江的全国第二大滑草场上，你也可以体验到一份草上飞的刺激和顺坡而下的速度快感，感受世界在速度面前产生出来的快乐变形。

心，完全松弛下来。

那种“今天要买什么菜呢”的烦扰，那种“马上要迟到啦”的情绪压迫，无形中已悄然远去。

要的就是这个。

一头撞到林间，狠狠地大口吸气之后，去抚摸一下菩提吧。

活 药 书

广西药用植物园，位于南宁市区东部，占地二百多公顷，保存药用植物三千多种，把一部被中国人视为医药圣书的《本草纲目》演绎得活色生香，有“亚洲第一药园”的美称，不少党和国家领导人曾亲临这里视察。

你别跟我说你没吃过中药。

对，也许你真没吃过用药罐子煎出来的中药汤，但是你敢说，你连中成药也没吃过吗?

一说中药，总要提李时珍。

一说李时珍，总要提《本草纲目》。

《本草纲目》记载有中草药一千多种，而广西药用植物园保存的中草药品种数目，是三千多，而且是活生生的三千多。这个园，因而也被称做活药书，是“立体的《本草纲目》”。

在中医已有所弱化并被现代国人日渐疏远的今天，想让一个整日被资本或爱情折磨得身心俱疲的城市行走者去看看和自己没太大关系的中草药，也实在有点勉为其难。

为什么要看？

看了又会怎样？

我也只能用一串问号来堆砌我所能想到的理由：你知道这是亚洲最著名的药园吗？你知道在药园里，空气中弥漫着的无形药气，会让你悄然受益吗？你敢肯定，你一辈子都不会在某个意外的时刻，意外地需要某一种药用植物吗？你是否真的意识到，即使如唐宗宋祖、康熙大帝那样的英才，无论如何也离不开这些神奇的花花草草？

我爷爷活了近八十岁，在他走向天堂前的三年间，医院在束手无策之后，给他作过四次生命的终点判决，但每一次，他都被家人找来的一种草药从天堂的门槛上拉了回来。我不知道那是什么草药，但我始终对那束绿色的植物充满敬意。

我很惊异于药用植物园那种淹没一切的有点疯狂的绿潮，毕竟，这只是一个四十多年前人工迁种的药园。药园有十个药物展示区，比如木本区、广西特产区、疗效分类区……

在这个巨大的中草药保鲜仓里，就算是用最慢的节奏往里走，也依然会被似乎没有什么生长顺序的枝枝叶叶弄得眼花缭乱。但只要你肯问，就一定会问出清幽枝叶下的道理和答案。

先听听木本区里那些漂亮之极的名字吧，象牙红、火焰花、鹅掌楸、万寿果、白千层、蒲葵、苏木、橘红……看树，是一种享受；听名，也是一种享受。

我没有读过《本草纲目》，对于我，读那本大书不免过于艰辛。但是读园中这一本活药书，则是一件非常惬意的事情。有些不是药的小东西，也在林木间谁也不招惹地悄悄生长着，含蓄，内敛，婉约，比如含羞草。当你去招惹它的时候，它所有的叶子，甚至会在第一时间羞涩地合起来，好玩。现代社会里，这种古代仕女般令人浮想联翩的羞涩，已经变得越来越稀罕了。

广西特产区里的大叶钩藤，被列为美国最畅销的“十大天然药物”

之一。绞股蓝的另一个名字是“南方人参”。扶芳藤是广西口碑不错的百年乐滋补液的主原料。还有杜仲呢，苦丁呢，肉桂呢，天冬呢，侧柏呢，苦玄参呢。

面对中药，我时常会不自觉地陷进一种恋爱的幻想中。

十多年以前，一个在中医学院读药学的女孩，带着淡淡的药香成了我最后的新娘。

这是一份天定的药缘。

带着药缘来到药园，很顺理成章吧。药园的疗效分类区又是一层天地，这里按药用植物不同的功效分类种植，你完全可以对位搜寻，不同的病症，对应着不同的植物。止血？排毒？止痛？消炎？活药书的每一页，都生动得让你无法再挑剔什么。

在药园里，不断进到你眼里的是奇奇怪怪的植株，不断游到你耳朵里的，还有许多奇奇怪怪的名字，过江龙啦，鸡血藤啦，艳山姜啦，痒痒树啦，望天枝啦，等等。当黄昏来临的时候，那种特别的光线，尤其让你对那些奇怪的绿妖精印象深刻。

走完园区，视觉上的满足是肯定的。如果你还来得及在园内的养生茶堂泡一盏茶，到药膳馆点几味菜，把脚伸到草药汤里认认真真地烫一烫，那么，你不是神仙，谁是神仙？

民族并不遥远

广西民族文物苑，在南宁古城路中段，占地两万四千平方米，以有限的空间最大限度地糅进广西民族和民俗的鲜明个性，滴水问海，一叶知秋，是闹市中的一个风情岛，浓缩着广西少数民族的建筑特征和风情特征。

多年以前，在一架从北京往南宁飞的波音737上，我和一位名叫陈景的摄影记者比邻而坐。那个一年四季都在全中国飞来飞去的老记，告诉了我他所面临的一个难题。

我只能在南宁停留五个小时，他说，然后必须飞往广州。

我问他为什么，他说本来就要去广州，但杂志老总一定要他在广西拍几幅比较有代表性的民族建筑照片，还不能误了广州的事。他问我在南宁五十公里半径内，有没有这种可以拍一下的东西。

外围没有，我很干脆地说，真正民间式的少数民族房子，至少在二百公里以外。

那怎么办？他眼睛里有一层挥之不去的失望。

于是我向他推荐了市区内的民族文物苑。

累蹲蛙

一进大门，陈景就忙乎了半天。正对着大门的那座铜鼓造型的高大群塑，让他似乎忘了来这里的主要目的，拿着相机左左右右地乱跑。

我知道，他说，在广西，这应该是很民族的一种东西，直到现在，还没有人能真正复制出一面完整的铜鼓，对不对？不知他从哪听来的，但确实是。自1985年以后的十几年间，一群专门组织的专家对在广西北流县发现的铜鼓王进行过多次复制，但由于技术原因，不是鼓面有气隔，就是鼓身有瑕疵。古代工艺，有时有着我们难以想象的精妙。

文物苑干栏

现在，那面真正的北流铜鼓王，就放在一墙之隔的广西博物馆里。

铜鼓是文物，稀奇的是，这是一种至今仍在民族地区广泛使用的文物。

我们一直走进去，在看过一个名为“累蹲蛙”的青蛙雕塑时，陈景突然问，哎，你说，为什么壮族把青蛙当作图腾

文物苑鼓楼

呢？铜鼓上，壁画上，好像到处都是。我显然不能准确回答这个问题，只好说，因为壮族基本上是水稻民族，水稻靠水，而青蛙是民间认定的雨水呼唤者，并且具有强大的生殖力量，所以……是吗？陈景的语气，明显是半信半疑。

真正进入陈景要求范围的，首先是壮族的干栏吊楼。文物苑的干栏，是从广西龙胜原貌仿过来的，连旁边的菜园和禾坪都一般无二。楼顶青瓦，楼高三层，为防潮湿、瘴气和虫兽，底层并不住人，只养家禽牲畜和

文物苑干栏

存放器具。

文物苑风雨桥通廊

行，陈景说，行，有这个，我算交了差了。他上到二层，仔细把睡房、火塘、晒台、神龛、织锦机、雕花床以及墙上的各色壮锦什么的拍了个遍，又到后门的水动舂米坊去摸了好一阵。

有点意思，陈景转到楼前跟我说，哥们，没你，我还真抓瞎了。

在苗寨前面，陈景换了一卷反转片。他说，这儿的色彩，忒棒。他指的是图腾柱和吊脚楼。图腾柱上顶金鸡，中横牛角，身盘苍龙，每个寨子都不可或缺。吊脚楼楼如其名，整栋杉木楼，就像骑在裸露着的楼脚上似的，通透而又个性。

看到苗寨，我总会想起父亲写的一首长诗——《虹》。翻回去几十年，很多人读过这首有关苗女的美丽长诗，读后都有一份朴素的感动。

这里，当然还有瑶族的竹楼、侗族的木楼和毛南族的印石风格的民居。但陈景反复拍的一座小楼，却是白裤瑶的圆顶高脚谷仓。白裤瑶在南丹，距离超过四百公里，陈景无论如何是看不到的了，于是就看谷仓。那座小楼，孤零零地在民居之外，不贴地，不砌砖，四根木脚上罩四个陶罐。我在南丹里湖乡看过太多

文物苑石雕

这样的谷仓，但陈景是第一次看，就问：为什么是这样？答案其实只有六个字：防水、防鼠、防潮。在广西红水河流域，白裤瑶是将祖先遗风保持得最完整的一个族群。

从那一长座侗族风雨桥走过去的时候，陈景发了一下呆，嘴里低声咕哝着伊什么德之类的。什么？我问。他看看我说，伊斯特伍德，廊桥。

他说的是《廊桥遗梦》。

有点像，我说。但是我知道，这座原型在广西三江的四十米长的

文物苑风雨桥

风雨木桥，显然比廊桥更有创意。整座桥找不到一颗铁钉，全部用榫头连成，遮阳挡雨，历久弥坚。在香港回归时，程阳风雨桥的模型，是广西送给香港的庆典礼物。

风雨桥和侗寨的鼓楼，成了文物苑内民族女孩敬酒迎宾的最大背景。

陈景的相机里，最后装进了小桥流水旁的古石雕和壮戏台。

我在古城路的夜色里把他送上了去机场的出租车。我想，至少在若干年内，他很难忘掉南宁的文物苑，毕竟在他最无奈的时候，这里给过他很近也很及时的民族印象。

大炮指向哪里

镇宁炮台，位于南宁市人民公园望仙坡上，1916 年由当时广西豪阀陆荣廷下令修建，设有德国造超级大炮一门，是南宁市的自然制高点，炮口的指向有着特定的含义。公园内的“龙塘观鱼”和“海底世界”等景观也别具一格。

我一个湖南文友的儿子，十五岁，迷兵器迷得要死，而且很认德国货，连汽车也是非双 B 和大众不谈。平时他老爸给我挂电话，事刚谈完，他就抢过听筒要和我聊军事问题，诸如中国应该用五十枚陆基导弹齐射来饱和攻击外国航母啦，德国豹二式坦克又卖给了哪个国家啦，等等。

1890 年德国克虏伯工厂制造的固定型加农炮（位于南宁市人民公园）

其实我只是偶尔上一上军事网站，偶尔和他聊过一下世界兵器，他就执着地把我当成了同道。

有一次我在电话里跟他说，什么时候你来一趟南宁吧，我让你看一门泰斗级的德国炮。他在那边笑起来说，你别逗了，再泰斗，还比得上现在德国人用的PzH2000吗？那可是目前世界上重量级的自行榴弹炮哦，一分钟可以弄出去十发炮弹。

笑归笑，后来在一个暑假里，他真的跑了过来。他们家在桂林有亲戚，他从桂林到阳朔，看完漓江烟雨和西街风情后，就顺道下南宁来了。

我领着他走上公园的望仙坡。他左看看右看看，一边嘀咕着说，这坡的名字倒挺美的，可怎么也不像军事重地呀。我笑着说，别急啊小伙子，管它哪里呢，有炮就行。

当望仙坡上那座城堡式的镇宁炮台进到我们视野时，那风华少年瞪着我问，你说的，就是这东西啊？我问他历史学得怎么样，他说还行吧。我说知道陆荣廷吗，他说，嗯，有印象，辛亥革命时挺有名的。

南宁市人民公园风光

我说那就好办了。

炮台分内外层，外层用岩石筑就，留有不少枪眼，由四条天桥和中央炮台连起来。炮台上，一门五米多长的铸铁大炮把炮口指向南方的天空。

小伙子有点失望，说，我还以为是现役火炮呢。我说，这可是正宗的德国货，1890 年由德国克虏伯工厂制造，属固定型陆防加农炮。他跑到炮筒后面，仔细看了刻在上面的编号，NO130FRIED1890，点点头说，是真玩意儿没错，可还是觉得不过瘾。

我说，这样的德国炮，全中国现在不多吧，况且还是你没见过的东西。再说了，1890 年是什么概念？那种历史背景下，这门炮，无论如何都代表一种先进的设计理念。小伙子没再说什么，慢慢看着炮的各个部分，炮筒、炮座、转向铁轮以及弧形转向铁轨。他看出来了，整座沉重的大炮，可以凭借弧形铁轨自由转向，最多可以旋转约二百七十度。他唯一想不明白的是，这座炮，从军事角度来说，应该能旋转三百六十度才对，为什么现在还留着一个角度转不到呢？

这，就和修建炮台的陆荣廷有关了。应该说，作为辛亥革命前后广西的实力派人物，陆荣廷对时局有着不可忽视的影响力。他支持过

镇宁炮台

袁世凯，反对过孙中山，又参加过护国讨袁战事，当过以孙中山为首的护法军政府元帅。从传承意义上说，他就是李宗仁和白崇禧的间接老师。

1916 年，陆荣廷为扼守南宁，命部下从龙州边境特地运回这门大炮。由于陆荣廷的家乡武鸣位于南宁北面，他不允许炮口指向武鸣，专门叫人设计了这座背朝武鸣，只能三面射击的炮台。

啊，有一百多年啦！我的年轻客人说，在军事意义上，这座炮台的设计是有缺陷的，如果进攻者绕到北面攻击，那大炮又该怎么办？不过，从火炮发展的技术角度评述，这种德国大炮又有着不可磨灭的功劳，如果没有最初的创造，又怎么会有今天严谨可靠的德国现代火炮呢？

这真是个迷上了德国的孩子。

其实也好。东方的孩子，如果能在这个过程中慢慢理解日耳曼民族那种认真、精密的工作风格，并将之当成一面镜子，也应该是一件幸事吧。

这孩子虽然喜欢隔着一片又一片陆地和海洋的遥远的德国，却从没见过海。我告诉他，这里有个地方可以给他某种关于海的象征性安慰。真的？他一连声说，那赶紧去赶紧去！于是，我和他在喂过白龙湖里像羊群一样拥挤的几万尾红鲤鱼后，一起来到了公园里的“海底世界”。这里分成海底长廊、梦幻水径、海底观光船等九个板块，到处是模拟的海洋环境，以及千姿百态奇奇怪怪的鱼和其他海洋生物，所用的海水，也是专程从北部湾运过来的。他看得最入神的一幕，是大玻璃池子里的人鲨共舞，鲨鱼和潜水者不断地离离合合，那时刻变换着的水底姿态，显得优雅而又刺激。

那孩子说，我要是条鲨鱼，一定从海里游到德国去。

寻找明清的花纹

扬美古镇，在南宁市区中心向西三十八公里处，守着一条清清左江，以古埠、民宅、奇石、金滩出名，以朴素的古典身姿和文化记忆存在于南宁的旅游视野里，长天流云之下，随江水自语，随乡风低吟，是桂南旅游区里为数不多的古风小镇之一。

扬美镇古街道

扬美镇魁星楼

如果说南宁像一位日渐时尚的女子，那么，扬美就是她妆台上一只祖传的银手镯。虽然这只手镯不可避免地在妆台上沾上了化妆品的气味，并且在不断地磕碰中被磨蚀或损伤，但依然显露出几百年前的基本形状和古典花纹。

扬美的古，既是一种曾经的无奈，也是一种无意而成的幸运。

说老实话，我现在已经很难区分中国各城镇间的差异了，那些看起来很现代，却几乎是克隆般的街道和建筑，常常让我产生一种地域概念的迷失。

还好，扬美还没有被钢筋水泥淹没掉，这个临江小镇，依然保存着相对完好的明清表情。

扬美的第一景，是魁星楼。这座三层高的方形阁楼，已经散发了

临江街码头

扬美民间手工艺品

两百六十多年的书卷气，楼内的魁星塑像，也见证了扬美镇先后五位举人的无限风光。1907 年，当致力于推翻清廷的同盟会领袖黄兴登楼议事之后，这座小小的阁楼，又拥有了一份谱写历史的光荣。

魁星楼的存在至少证明着一点：读书，是扬美人几百年来从不放弃的一种自觉。魁星，是主宰文章兴衰的神，为魁星起楼，你说是为什么？

从魁星楼到扬美最著名的临江街还有一段距离，于是，“牛的”出现了。

坐出租车叫“打的”，以游客的身份坐扬美的牛车，就是“打牛的”。

我曾经在广西很多幽静的小河寻找一种原始的自然声音，风过竹林，落叶碎响，远远的鸟叫勾出鱼儿跳水的轻柔

动静，那些小河都很美，衬着远山淡淡的背景，漂亮得叫人发呆。但很突然地就有载客的机船突突开过，震耳的柴油发动机的声响，一下就把所有的梦一样的东西搅个粉碎。所以，扬美镇上吱呀往来的牛车，轻易就让我心里涌起了期待中的亲切和柔软。

坐在牛车上看扬美，随着车子缓慢地移动，我仿佛看到了在崇祯皇帝魂散北京景山的那一年，许多落魄的明朝臣子携妻带女，在扬美镇的石板路上蹒跚而行，那种一路被追杀过来的仓皇，使扬美的原住百姓也看得心跳不已。话又说回来，也正是由于这批逃难者的到来，才更快地促成了清代扬美的商贸繁荣。

牛车到处，一般是扬美的临江街。在给游客看的标牌上，这里，也叫作“清代

一条街”。这条三百多米长的全青石板小街，成形于清朝道光年间，沿街民宅也大多是清代的风格。四百多年的人来人往，已经使街面上的每一块石板都显得斑驳而又光滑。这样的小街，天生就是为鞋子而不是车轮存在着的。无数片石板下面，应该沉淀了许许多多普通的，却是生动之极的文化记忆吧。百户小街，曾经出过五位举人。

传统工艺品

民间手艺人

鸟瞰扬美

走进街旁的某一所房子，也许你会突然发现，咦，这竟是一所已为数不多的明朝时候的老屋。老屋的檐角很古典地翘起来，而且是双檐或者三檐，弯弯而细腻的线条，仿佛是对现代中国水泥方盒楼房不断泛滥的一种无声嘲笑。这样的房子，仍然保留着已看不出漆色或根本就没有漆色的雕花格窗，窗木条上，细致地雕刻了飞禽走兽和奇花异草，默默讲述着已经一去不返的古代生活。从这扇窗走到那扇窗，

清代一条街

清代窗花

扬美清代的闺房窗。窗枝分内外两部分，内窗枝可移动。当移动内窗枝使其与外窗枝重合时，从窗外可以看到房间里，再移动内窗枝后，外面看不到房间里，房间里的人却可以看到窗外淡淡的光影里，好像就有元好问的几句词从墙缝间飘出来：“人语定，小窗风雨，暮寒岑寂。”

走到扬美的古埠码头，就是和明清老屋完全不同的明亮光景了。

清清左江蜿蜒而过，岁月沧桑中，带走了码头曾经的荣耀与繁华。高高的岸边石阶，似乎仍在回忆着当年的红火时节，回忆着这个码头大规模集散商品的喧闹场景，以及在茶楼饭馆呼喝不断的精明商贾和水阁酒客。

俱往矣。今天的扬美，少了笙歌商气，多了一层“看天上云卷云舒”的平和。

在水边，看扬美的孩子们光着屁股追波逐浪，捡拾着本就属于他们的童年的快乐，我的眼睛里，突然有一层莫名的湿润。

扬美这只银手镯上的古老花纹，应该还不会太快消失的吧。

扬美江畔

水的忠诚

灵水，在南宁市武鸣县，距南宁市区四十公里，源自一条隐秘的地下长河。水上水下，有一种似乎只属于深山涧流的极端纯净，是一处终年恒温的大面积活泉，沿岸林木葱茏，怪石横陈，十足一个赏心悦目的天然泳池。

在南宁最热的日子里，对女儿来说，灵水是一个天堂。

她央求过我很多次，但直到她十岁的时候，我才充满愧意地让她第一次看到那片淌满灵性的清澈水面。

像湖一样，女儿说，它真的有还在喷着的泉眼吗？我说当然，不但有，而且谁也数不清，大的泉眼，有九个吧。我看见啦！女儿突然大叫起来，指着岸边六角亭下以及有“龙津吐碧”四个字的石壁下两处翻涌着的水花向我招手，那种眼神，体现着一种只属于孩子的成就感。我唯一不能向女儿解释的是，泉眼下面那条神秘之极的地下河，到底有多长，又会通向哪里。

真正下到水里，那小姑娘再次爆发出一声尖叫：好凉啊！哇！好舒服啊！这是我意料中的尖叫声。在接近三十五摄氏度的气温下，一年四季都恒常不变的二十二摄氏度水温，完全有理由让一个孩子尖叫。

我从 1985 年第一次触摸灵水，起码在近二十年的时间里，这汪灵湖的品质没有丝毫改变。它的水质依然晶莹剔透，即使在三米深处，

柔软的水草和如玉的白石还是清晰可见；它的水温依然不为人间所动，万千诱惑，在此化于无形；它的水量依然丰盈得体，不涨不涸。武鸣的雨季或干旱只如天上流云，来又何妨，去又何妨。

这是一份出自水的忠诚。我不知道灵水的忠诚为谁而留，我只为女儿在二十年之后，仍然可以拥抱和1985年时一样的灵水而欣慰。在这个不断发展而又浮躁满街的世界，还有多少清纯的东西可以保持几十年而不变呢？

女儿红色的小泳衣在碧波里漂来漂去，特别醒目。是因为女儿的存在吧，远处的岸上水里，看过无数次的观泳楼、观鱼台、螃蟹山以及被叫作龙衣或九层皮的层层叠叠的大石座，都在我的眼里显得异常鲜活。

灵水、灵源、灵湖，叫什么名字已不重要，只希望这样一汪清纯的水，这样一份不变的水的忠诚，能够尽可能持久地等待女儿，当她在二十年后再来时，仍然有一份不错的心情。

女儿披着湿漉漉的头发站在水边跟我说，要是灵水在我们家门口，哦，我会笑死的。

冬天吧，我说，冬天我们再来，那时候，你会觉得灵水很温暖。

芝麻开门

伊岭岩，在南宁市武鸣县，距南宁市区十七公里，是典型的喀斯特溶洞，形成于一百多万年前，时间如刃，水滴石穿。洞内的石笋、石柱、石花、石幔自成形象，仪态万方，共设观赏景点一百多个，游程超过一公里。

在阿拉伯神话里，“芝麻开门”是一句非常经典的口诀，这句话和某个山洞有关，也和山洞里金碧辉煌的财宝有关。

面对伊岭岩凉飕飕的洞口，你也许一下就会想到那传说中的四字口诀。当然了，这里没有门扇也没有财富，说不说“芝麻开门”都无所谓，只是因为这句话，很符合许多游客对洞里乾坤的某种期待。

伊岭岩前的壮寨长廊是一种设计的风情，图腾柱、铜鼓阵、竹杠跳、“三月三”歌圩、壮乡酒坊甚至远古部落，所有这些，并不具备学术的意义。但你如果只是一次悠闲的周游，那么不妨就此随俗，收起挑剔的眼光，把娱乐进行到底。有时候，简单也是一种幸福。

武鸣伊岭岩景色

曲径通幽，猴群嬉闹，伊岭岩的洞口，是在一片拐来拐去的绿色背景里突然闪出来的。

如果不是伊岭山寨的存在，要说这里就是桂林某一处有洞的山梁，也没有什么不可以。

伊岭岩和桂林的七星岩、芦笛岩一样，属于典型的喀斯特溶洞，亿万年的地质运动和因持之以恒而拥有强大力量的水滴水流，使洞内形成了一个由石钟乳构成的神话世界，千奇百怪，千姿百态，千般风情，晶晶亮，透心凉。

无需说“芝麻开门”，人就已经在洞里了。

你看见什么了吗？洞门内两座凸起的圆石，是两匹雄狮的象形吧，猛兽迎宾使人类在与动物单纯的力量对比中，找到了一种心理上的平衡。几块在灯光照射下轮廓清晰的秀石遥遥相对，构成了牛郎织女的立体画面。刘三姐是壮族歌圩文化里一座不灭的灯塔，在洞中，同样有一个五光十色的斗歌造型。空中走廊、瑶池盛会、山村夜景、海底公园、北国风光……每一幅石幔，每一根石笋，都是对想象的一种挑战。听导游介绍或不听导游介绍，又有什么关系呢？

“一百个人有一百个不同的哈姆雷特。”那么同样，每一个人在洞里的每一座石头前，也会有自己无法捆绑的自由想象。

亮晶晶的石钟乳，凉冰冰的洞中湖，真的让人很舒服很舒服。

如果你第一次来南方，如果你头一回听说喀斯特，如果你暂时还去不了桂林，那就去伊岭岩吧。

一座庄园的乡愁

明秀园，在南宁市武鸣县，距南宁市区四十公里，位于县城西郊一公里处西江岸上，占地近三公顷，三面环水，因清奇古秀，也因辛亥革命前后广西的传奇人物陆荣廷而著名，为广西三大古典园林之一。

明秀园大门

说明秀园，必须要说陆荣廷。

几乎所有的人都知道李宗仁和白崇禧，但太多的人不知道，李、白对桂系的捍卫，学的是广西豪阀陆荣廷。

陆荣廷曾是在中越边境上专抢法国人的义盗，在清廷招安后任左江镇总兵，最后官至两广巡阅使。辛亥革命爆发时，他借势宣告广西独立，成为最早的桂系军阀，先拥袁世凯反孙中山，后拥孙中山反袁世凯，

陆荣廷为杭州岳飞墓作赋的碑刻

明秀园象形石

再引发背叛孙中山的粤桂战争，失败后通电下野，在上海遥望家乡武鸣，忧郁地度过残生。

这个过程，差不多是一个三国故事。

宦海沉浮，人生如梦，陆荣廷在上海公寓里的声声叹息，总是透着浓浓乡愁的吧，这乡愁远远地，牵到了武鸣县城的明秀园。

明秀园最早还不叫明秀园，叫富春园。1916 年，权倾广西的陆荣廷数了三千块大洋买下园子，把园名改成明秀园，同时对园子大加修缮。当年，到过武鸣的有头有脸的人物，都为能进到明秀园去晃悠一下而四处炫耀。

但是，因为粤桂战争的连累，明秀园在 1921 年时就已经不再是原来的明秀园了，除了园门、矮墙、老树和几个亭子，大火吞掉了一切。

看明秀园，更多的是一种怀念。

一地乡愁啊。

园门是飞檐拱顶的样子，透映出苏州园林淡淡的影子。外园的浓荫依然蔽日，假山静静，在精致的石床石凳和石台后面，虬枝缠结，枯藤老树不绝于眼。那张石床，应该常常会出现在陆荣廷的上海乡梦里吧，或许，梦中老人还会伸出青筋满布的手，在石床旁的石槽里不停地摸索一杯香茗，谁知醒来，更添一缕心痛。

陆荣廷墓碑

明秀园大门内景

园中一奇是“别有洞天”，两块天生奇石，以三米高度搭成“人”字形状，宛若天然洞门。背景上的一棵老荔枝树，依然枝繁叶茂，在微风里慢慢释放着近两百年的幽幽古香。这里有太多的果树，龙眼啊、扁桃啊、黄皮啊、柚子啊、葡萄啊之类，都见证了明秀园的每一场夜雨和每一道阳光。还有曾经风情万种的“荷香簃”呢，让人唏嘘的四角飞檐，如今只能在夕阳中回忆“一池荷花香满园”的旧时风景了。

唉，正是“暗忆年华，又惊春暮。纵使重来，怕粉容消腻，却羞郎觑”。

明秀园，怎一个“清”字了得，清凉，清雅，清静，清爽，清奇，清幽。

一个人两个人，在园里慢慢走走，自己的心跳或对方的心跳，会听得见。

石狮

1939 年的遗憾与光荣

昆仑关，在南宁市邕宁和宾阳交界处，距南宁市区五十六公里，是我国十大名关之一，历来为兵家必争之隘口，具有重要的战略地位，为广西南北交通线上的一个咽喉位置。抗日战争时期的昆仑关大战惨烈无比，中国军队浴血奋战，使日军遭受了惨重损失。

对许多民族意识正日渐弱化的迷蒙酒客来说，昆仑关绝对可以成为一剂醒酒猛药。

中国军队面对侵入国土的外来强敌，不怕牺牲，奋力拼杀，前仆

昆仑关石牌坊

后继，重创敌人之精锐部队，使敌人整个旅团基本丧失战斗力，1939年的昆仑关战役是惨烈的一仗。

昆仑关是古关，雏形始于汉代，完善于唐朝和宋朝，因为宋将狄青在这里和侬智高反复血战而名传海内。让人想不明白的是，今天的古关楼上，为什么供奉的是关羽、关平和周仓三座神像，反正每年四月初八，关前总有无数百姓燃香祭拜，把一个“关公节”过得有声有色。

在纵贯广西的南北交通线上，昆仑关有“南方天险”之称，是典型的“一夫当关，万夫莫开”，从军事意义上说，谁占了关，谁就是大爷。这，也就是悲壮惨烈的昆仑关抗日大战的一个绝对前提。

凭关远望，关隘地势的前因后果，很快会被看的人梳理得清清楚楚。

想想，1939年时昆仑关的上下前后，竟然层层叠叠地摆下了数以万计魂归天外者的躯体，那种感觉，仅用“震撼”二字又怎么能够形容？

今天的昆仑关是平静的，平静得甚至让人有一种瞬间的慵倦，只有历史，才能真正诠释那份血染征衣的光荣。

1939年11月，为切断中国经法属印度支那方面的海外最大补给交通线，日军在广西钦州湾强行登陆，并很快攻占南宁。当时，国民政府正要实施对日反攻计划，蒋介石急任白崇禧为桂南会战总指挥，第一次把嫡系中央军交由桂系调遣。以杜聿明机械化第五军为主攻的中国军队约十五万人，在昆仑关前和五六万日军对峙二十天后，于12月18日凌晨发起攻击，当晚就攻占了关上的主阵地。但第二天中午，阵地得而复失。23日，中国军队第二次攻占关口，日军利用空中优势再次夺回。30日，中国军队以逐点清关的战术，第三次攻克昆仑关，迫使日军向南退却。在整个战役中，日军第五师团第十二旅团官兵损失超过百分之八十五，旅团长中村正雄阵亡，四千多人被击毙，实际上已不成建制。但由于蒋介石优柔寡断，导致日军后援大批赶到，迂回包抄，并在1940年1月3日重新占领昆仑关。最终，有两万多名中国军人血洒疆场，魂断昆仑。

血雨腥风的昆仑关，尸横遍野的昆仑关，永远回荡着壮士呐喊的昆仑关啊。

国民政府的战略失误，并不能遮挡攻关战士捍卫家园的铁血身姿，也消退不去中国军人创造战役历史的无上光荣。

遗憾中的光荣，更显得宝贵、悲壮而美丽。

雄关之上，立着当时国民党第五军军长杜聿明亲自撰写的记录战况的纪战碑，在猎猎的山风中无声倾诉。遥对着无数阵亡将士墓穴的，是十六位国民党军政要员的长短题词。而日军指挥中村正雄的卑贱尸骨，则在陵园外一处荒坡上，昭示着一个侵略者的绝望和罪恶。

中国大地上，在同一个地方，在同一个时期，对同一个事件，出现如此多的当时国民党军政要员题词的情形实属罕见。昆仑关大战的惨烈和光荣，正如杜聿明所写的一副对联：“血花飞舞血战兼旬攻克昆仑寒敌胆；华表巍峨扬威万里待清倭寇慰忠魂。”

读昆仑关，你也许会读得泪流满面。

看见了祖宗的背影

顶蛳山贝丘遗址，在南宁市邕宁区，距南宁市区二十七公里，被国家文物局评定为1997年中国十大考古新发现之一，是新中国成立以来广西境内发现的面积最大、保存最完好、文化内涵最丰富的新石器时代贝丘遗址，具有重大的历史研究和文化研究价值。

对于我这样的凡俗者而言，考古的乏味显而易见。

但“贝丘”这个词的真实含义，还是把我勾向了顶蛳山。

贝丘是什么？这个学术味很浓的词，指的是古代先人遗留的贝壳、器皿和原始工具的堆积，这种堆积，甚至包括远古人类的生活垃圾。

顶蛳山

如此充满文化感的称呼，居然会包括“垃圾”吗？

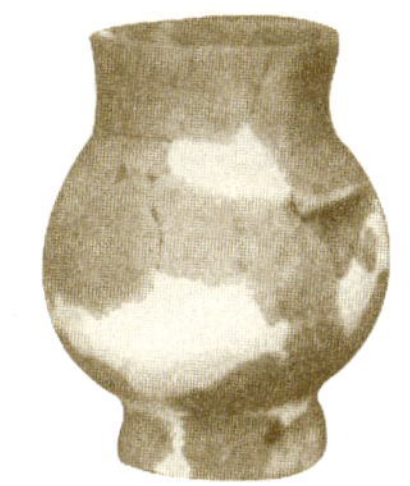
顶蛳山遗址出土的陶器

没错，有“垃圾”，但即使是这样的“垃圾”，在考古学家眼里，也是一种不可再生、无法复制的超级宝藏。正如半坡遗址、河姆渡遗址对于黄河文明和长江文明所具有的特殊意义一样，顶蛳山遗址，足以让我们揭开南宁、广西乃至整个东南亚新石器时代古人类生存的神秘面纱。这里，是南方史前文明一扇半开的窗户。

顶蛳山，有南宁人祖宗的朦胧背影在飘啊飘。

祖宗的背影，已经飘过了一万年。

顶蛳山下的八尺江，葱茏岸树和澄碧水流，也会有思古之幽情吗？

我无法再用考古的乏味作为借口，来漠视这一处具有深重历史内涵，并和南宁人的文明传承密切相关的古存圣地。

顶蛳山遗址，是广西二十四个发掘或未发掘的贝丘遗址的典型代表。

毫无疑问，作为1997年中国十大考古新发现的顶蛳山文化，给了南宁人一份新的历史自信。顶蛳山直到20世纪末才浮现出来的真容，让一直顶着“历史积淀不够”这顶帽子的南宁人，多少有点“为什么早没发现”的心理上的不平衡，但谁又敢说，没发现就等于不存在呢？

顶蛳山贝丘遗址碑

顶蛳山堆石遗址

这个遗址到目前为止，已经发掘了三个阶段的文化堆积，出土了一大批石器、石镞、蚌器、陶片和古人类遗骸，同时并存的还有牛、鹿、象、马等动物骨头，以及古斧、骨镞等新石器时代文物。最为奇特的是墓葬中的肢解葬，先人的头颅和四肢在下葬前被肢解下来，存放在遗体的腹腔里，生者似乎在以这种方式让死者获得最大限度的吉祥。这种葬式前所未见,非常让人费解而又耐人寻味。生与死之间,到底有多远?

我无法说出考古上的更多。

在这个世界，我始终只属于顶蛳山的一个过客，所能做的，也只是面对祖宗，在夕阳下的山影里做一种前世今生的冥想和祷告。

“千层贝壳千层宝，百件残陶百件珍。”顶蛳山遗址的存在，无疑使南宁在历史的时空中显得更加完整。

顶蛳山遗址挖掘现场

在响水边伸个懒腰

九龙森林瀑布群，在南宁市横县境内，位于县城北面镇龙山南麓，森林面积达到一千四百多公顷，植被繁茂，地质古老，在幽涧密林之间，以众多瀑布景观闻名广西。

在去九龙瀑布之前，我给唐诗千打了个电话。

唐诗千是一个朋友的朋友，我听朋友念叨过这个名字很多次，于是在不知不觉间，仿佛就有了一种似曾相识的亲切感。

我是在突然之间想起去横县的，也许是因为那段日子看稿看得太累，只想找一个清静的地方彻底翻捡一下心情吧。朋友把唐诗千的电话给我，说，那地方不错，让诗千带你进去吧，她简直就是瀑布里跑出来的一个妖精。

横县是全国最大的茉莉花产地，我是一路闻着茉莉花香跑进去的。唐诗千见我的头一句话就问：你是先吃鱼生还是先看瀑布？我当然知道横县的鱼生很出名，但刚从书山稿海里挣脱出来的我，实在不忍心让那些如飞花蝴蝶般的美丽鱼片马上就进到我麻木的胃里，那无异于一种对美食的糟蹋。

对于此时的我，森林和瀑布才是心情的药盒。

我和唐诗千一起走进瀑布群山谷时，已是正午时分。明艳之极的阳光照着远近峰峦和丛林怪石，铺染出一种无法形容的生动，绿是一个调子，幽也是一个调子，所有的一切都显露着我无法挑剔的秀气和

横县九龙瀑布

淳美。

我完全是下意识地伸起双手，在竹影婆娑中伸了一个长长的懒腰。

唐诗千看着我，嘴角透出一缕调侃的笑意说，唉，怎么现在的人非要活这么累，非要虐待自己，都像你似的哈。我说，谁愿啊，谁不想青山绿水地爽啊。她盯着我说，你敢说，你们这些城市动物对山水的向往，一点都不矫情吗？哎，这女孩真是个妖精，一点面子也不给。

矫情就矫情吧。我伸着懒腰的双手，看起来和投降没什么两样。

我慢慢地看风景，慢慢地听唐诗千说话，说她怎样从青岛读完大学跑回来，怎样做茉莉花的大小生意，又怎样无数次地跑到这里的瀑

小瀑布群

布边发呆。听瀑布响，看瀑布流，差不多已经是她的一种瘾。怪不得，朋友会说她像一个从瀑布里出来的妖精。

你算选对了地方，唐诗千说，这里是砂岩峰林，树多，怪石也多，所有的植物种类加起来，有上千种吧。关键是动物，你在别的旅游点，绝对找不到超过一百五十种的森林动物，信不信？而这里就有。至于瀑布，就更个性了，多，也奇，大大小小的瀑布，有二十多个吧，你上哪找呀。

我看的第一个瀑布叫作"群龙迎宾"，名字俗了，但景色确是很锦绣的那种。

高崖，峭壁，洞廊，古树，三十米高的瀑流飞奔而下，在途中弯曲出十多层。有阳光的时候，细细的水雾很容易映出一弯小小彩虹，迷人眼，悦人心。哗哗水声，吵得让人愉快。

我并不喜欢那些瀑布的名字，比如"双龙戏珠"、"紫龙相会"、"龙女吐珠"、"九龙入宫"、"白龙出潭"之类，好像很有文采，其实差着一种叫"味道"的东西。我跟唐诗千说的时候，那个水妖居然没有一句反驳，这让我有点意外。

但我看了什么，总得说个名字啊，否则这文章，恐怕也没法再写下去。那就先委屈着，再用回那些名字吧。

“双龙戏珠”指的是峡谷之上，瀑流被崖顶圆石分成两条，从三十五米高处一泻而下，瀑声如雷，清潭也被搅得波涛翻涌，凉风自水而起。“紫龙相会”体现的是一排瀑阵，下坠时先撞第一级十米平台，再到第二级叠叠而下。“九龙入宫”流的是气势，水从浓荫中出来，连续撞击三级岩石，飞成九叠呼啸下来进到大潭里，两壁岩缝上的奇木怪影倒映潭中，光影如幻……每一挂瀑布，都有幽林怪石和深涧清潭的别样风情。

唐诗千又在发呆了，我不得不承认，这真是个适合发呆的地方。

“白龙出潭”是一道峡谷长廊，最窄的地方，只有三米。这是九龙瀑布群里的极品，唐诗千说。在涧底下走，只见一线天，流泉一路散散地泼洒，低头是化石层的怪纹，抬头则是绿绿苍苔和森森野木，瀑声过耳，如在天外，那道瀑布，一直泻到长涧尽头的潭中。

我身上的尘和心里的尘，是被幽碧得像梦一样的潭水洗去的。我在潭中间大声地向唐诗千喊：太棒了！我真愿意就这样躺在这里，活在这里，噢——

令我担心的是，唐诗千又露出了那种让我惭愧的表情。

在后来我们一起吃鱼生时，唐诗千敲着碟子，嘴像小刀子一样跟我说：看你在潭里的样子，像真的似的，实际上呢，自然景色对于你不过是一份城市生活的调剂罢了，如果真叫你住在那里，没有咖啡，没有手机，没有电脑和电视，你又会怎样？

是啊，我会怎样？

我不知道。我只知道，在一片响水边伸的那个懒腰，真的很舒服。

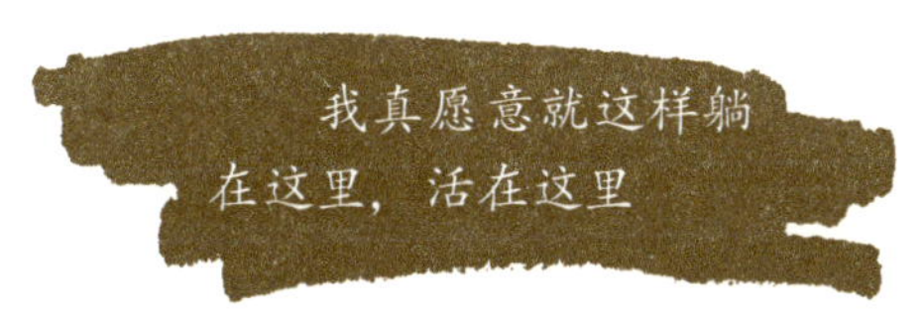

好听的名字——海棠桥

海棠桥，在南宁市横县县城内，位于县城西面香稻溪口，为单拱青石桥，桥长三十二米，高八米，宽四米，古朴坚实，因北宋词人秦观编管横州时所吟的海棠诗句而名传四方。

海棠桥

我是一个人去看海棠桥的。

来看这座桥，是因为它有一个很让人遐想的名字，更因为它的成名，源自一位屡遭贬谪的宋朝词人。

县城附近的一条溪，因溪边在古时种满了香稻，所以有一个很诗意的名字，叫香稻溪。香稻溪不仅种香稻，也种了成片成片的海棠花，花开时节，溪水倒映，仿佛流着一层淡淡紫色的忧郁和柔情。

溪的归宿，是一条叫郁江的河，在溪口上静听流水的一座青石桥，就是海棠桥了。

最早的海棠桥，是木桥。或许是桥木难载风雨愁吧，到清康熙年间，始于宋代的这座木桥，最后变成了青石桥。

其实，石桥也好，木桥也好，只要它是海棠桥，就行了。

桥是单拱，三十多米长吧，本身只是一种平实。如果单看桥，我

实在找不到任何有别于其他石桥的曼妙，流水之上，再怎么张望也只是一座桥。但是，海棠桥的背景，古时候那位婉约词人的背景，使这座桥羽化出了某种让人感叹的境界。

词是宋词。

怀古亭

婉约的词人叫秦观。

想当年偌大中原，居然怎么放也放不下一个坐错了朝廷板凳的孤独词人，哪怕你是“苏门四学士”的一员呢，哪怕你的华彩词句满天下传看了又传看呢，也难怪他会写出“醉乡广大人间小”这样的肺腑之言。

为秦观想想，一竿子从潇湘贬到广西，而且还是山野横州，那份郁闷和痛苦更与谁说？为横州百姓想想，秦观的不幸，却又是横州之幸，否则，横州后人为什么会对秦观“爱之不忘”、修亭塑像呢？

那座桥存在了几百年之后，秦观才来到横州，但却是先有了秦观，才有了后来的“海棠桥”。

秦观当年寄居在桥附近，常到桥旁祝生家闲话饮酒，终于写了一首《醉乡春》：“唤起一声人俏，衾冷梦寒春晓。瘴雨过，海棠晴，春色又添多少？社瓮酿成微笑，半破椰瓢共舀。觉倾欹，急投床，醉乡广大人间小。”

哦，好听的名字海棠桥啊。

我无法想象这样一个天才，仅仅离开横州一年，就猝然魂散在广西的藤州。那时，横州的文人百姓一批又一批地跑到藤州去，漫天飞泪地追念这个悲情词人。和秦观同期被贬的黄庭坚在湖南听到消息，伤感之极，提笔就是一首《镡州即事》：“闭门觅句陈无己，对客挥毫秦少游。正字不知温饱味，西风吹泪古藤州。”声也戚戚，情也戚戚。

一位古人说过，横州之重在海棠桥，海棠桥之重在秦少游。是啊，如果不提秦观，则桥空空，海棠也是空空。

顺便说一句，海棠桥上，每到黄昏时分，常有雾气聚成朦胧风景，突然会有轻烟小雨，又突然会瞬间不见，这一道景，就是有名的“海棠暮雨”了。

海棠亭和秦观像，在桥的一边，向我，向每一个访客，悄悄读着一阕写了几百年的沧桑古词。

海棠桥，海棠桥。

一声叹息

伏波庙，在南宁市横县境内，距县城三十六公里，位于郁江北岸云表镇大王岭脚的乌蛮滩边，传是为扬东汉伏波将军马援的功德而建，以奇巧的建筑艺术和历史传说闻名。

看过伏波庙的人，都见识过这座庙的一怪。

整个庙倚在十里长滩之上，四周古木参天，繁荫浓厚，四季轮转中，落叶是不可避免的了。但是，哪怕是秋风浩荡的日子，也都没有任何一片叶子掉到大殿青青的屋顶上面。瓦面上那种不合常情的清爽洁净，实在让人迷惑。

伏波庙损损毁毁，历经劫难，但这并不妨碍它成为一座有完整意义的庙宇。每年农历四月十四的伏波庙诞，几十个县的百姓都会云集庙前，燃几炷香，许几个愿，见几个老朋友。

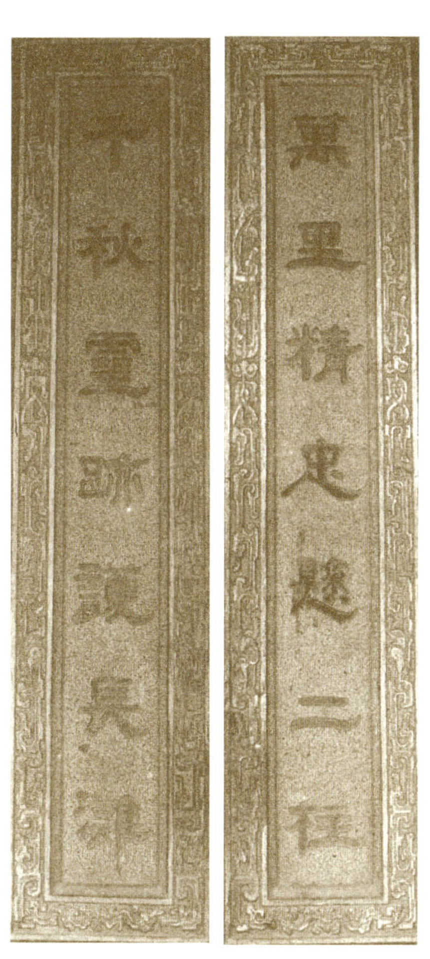

这座庙，供的是一个真实的神。

这个神在老百姓心里，浓缩着平安、神奇、繁荣、清廉等许多内涵。

这个神叫马援。

马援是东汉猛将，光武帝时多次出征汉疆边陲，先破先零羌，再平交趾，为朝

伏波庙侧廊

廷立下了赫赫战功。但就是这样一位能当大任的忠臣，在六十五岁病故于军中之后，竟然因为一车薏苡，而无法在京城找到一块灵魂安息的墓园。

横州百姓对马援的感念，在于马援南征交趾平定动乱，并沿途治理城郭、凿渠灌溉、疏河通航，给历经战事的广西百姓带来了渴望中的安宁和富足。

因为马援南下征讨交趾叛乱时，曾经在乌蛮滩头安营扎寨，休整待发，所以，这里就有了一座沿袭千年、专祭马援的伏波庙。

庙在一千九百年前就有了轮廓，但难以尽说的灾灾祸祸，使这座

古庙修修损损，损损修修。现在的模样，应该是明清百姓的功绩了吧，雀替、石狮、斗拱、回廊、天栩、壁画、浮雕……即使只是单纯地看庙，你也能够让自己的视觉狠狠地满足一把了，那种结构的精巧和色彩的和谐，不用“艺术”二字，实在不足以形容。

马援的功德自有百姓铭记，而马援的冤悲，又向谁诉呢？当他得胜回朝，

伏波庙全景

从广西带回一车可以去除瘴气的薏苡时，当朝权贵却以为那是一大堆财宝，由此种下了嫉妒的种子。在他因病身亡而尸骨未寒之际，群臣共诬，龙颜震怒，他的家人只能在恐惧中把他草草掩埋于洛阳之西。

这又是一个忠臣的悲剧。

不难理解的是，李宗仁为什么会在伏波庙里写下“铁胆心寒”四个字。

伏波庙，一声千年的叹息。

好在，百姓心里有一杆秤，那杆秤，称得起所有的历史。

伏波庙鼓楼

南宁的雪花

大明山，在南宁市上林县、武鸣县、马山县和宾阳县交界处，距南宁市区一百公里，为广西三大名山之一，年均气温二十一摄氏度，四季呈现“春花、夏瀑、秋云、冬雪”之美，有“广西庐山”之称，最高峰海拔一千七百多米，最深峡谷深达一千米，北回归线横贯中心，是广西中南部山体最长、主峰最高的国家级自然保护区。

我第一次上大明山，是被一个“雪”字勾去的。

真的，不骗你，就在南宁市区旁边，在大明山上，细细碎碎的雪粒在坚硬的山风里四处飞舞，展示着好多南宁人一辈子也没见过的稀

大明山雪景

大明山风光

奇。树枝树叶上，也就有了美丽的冰凌。

不是没摸过雪，我曾经在北京的一场大雪里，专门跑到圆明园去疯癫了一整天；也曾在四川海螺沟冰川顶上，让纯净的雪景谋杀了六卷以上的胶卷。但这是属于南宁的雪，虽然小小的，却有一种渗透到骨子里的亲切。

再上大明山，已是另一个春天的事情。

上山的路依然起伏弯曲，但已没有了冬天让人提心吊胆的冰滑。山腰远望时，风语过耳，千山如幻，涧鸟幽鸣，一道快意会从脊椎的最尾一节“嗖”一下爬上来，瞬间滑过脑后，在鼻翼旁悄悄浸开。

这是桂中南的山，很冷静地苍郁着，阵雨骤至，更见几峰青翠。有古木遮天，乱藤齐上，一树的沧桑，就写在皮上根上，散在林子深处。

这时已没有雪，有的，是满山的杜鹃。

大明山的春天是杜鹃的春天，万亩花廊，花种齐集，想不招人都难。一年一度的杜鹃节，是花的节，也是赏花人的节。走过花廊，何止是鼻子呢，满身都是花香了。你一定要辨认什么是大叶杜鹃、华南杜鹃、武鸣杜鹃，也没有什么不可以，但就算是闭上眼不看，也完全能够感觉得到杜鹃仙子们的妩媚婀娜。

最叫人不舍的，是变色杜鹃。早晨是一抹色，中午是一抹色，晚上又是一抹色，如女孩更衣，一换一份惊喜。

杜鹃的花香，一直飘到百丈谷底。十里峡谷，又是一曲清唱，壁立千仞之下，柔柔又野野的甘南河穿峡而过，拖出了一匹轰鸣瀑布。云雾间，凉凉的水直砸石面，砸出万树梨花，也砸得谷底游人心花怒放。湿了怎样？未了的寒意又怎样？上车下车，上山下山，为的，不就是渐渐迷失在细碎生活里的一声长叫吗？

风景满眼，清爽满身，心情，也在流水间慢慢透明。

在一棵树冠如盖的古树下，我向一位老者询问眼前曲径蜿蜒所向，不想老者健谈，除了详细指明路况，还道出一个流传在大明山的古老故事。说，很久很久以前，一位老婆婆捡养了一条断掉尾巴的小蛇，人和蛇多年如母子般相依为命。后来，小蛇渐渐长大，居然变成一条威武的掘尾龙，并成为珠江的守护神。老婆婆死后，知恩图报的掘尾龙把她葬到了这大明山顶，每年农历三月初三，神龙一定会赶回大明山扫墓，这个故事，叫作“掘尾龙拜山”。老者言罢，意犹未尽，问，你道这老婆婆是谁？她就是龙母哦！龙母，知道吗？我当然知道龙母，也了解一些龙母文化的皮毛，知道龙母神是郁江流域、西江流域和珠江流域水上人家的保护神，就像妈祖之于海边人家一样。老者坚信龙母文化发源于大明山的骆越故地，是骆越文化的一部分。这份执着，真的让大

明山在茫茫云海中透射出一层神秘之气。

我无意确认什么，也无意否认什么，只那一份弥漫在山上山下的空灵之气，令我心旷神怡。

大明山没有森林的地方，是很多片宽阔的天然草坪，心坪、圩坪、天书坪……把鞋子丢开，去草上跑一跑吧，不用再顾忌城市街道旁数不清的眼睛，所有的放肆，都只为了自己。

夜宿山间，另是一番幽情。外国的月亮不一定比中国的圆，但山

上的月亮，一定会有水泥建筑间永无可能的明亮和滋润。在原始的常绿阔叶林边行走，夜凉如水，鸟睡虫鸣，林涛急急缓缓，瀑声隐隐约约，如果身边有一个你爱的和爱你的人，你说，会演绎出怎样的一个故事呢？

我想起一段自己写过的、关于大明山的文字：“枕林屋鸟语，枕不倦的苔痕青青，枕森林一脉泻地而来的香潮，就这样梦醒欣然……”

是的，一早醒来，你会听见，很多鸟又开始叫了。

水 墨 清 奇

三里·洋渡，在南宁市上林县，距南宁市区约一百四十公里，是亚热带喀斯特山水的典型代表，有桂林之形和阳朔之韵，体现的是青峰奇绝、洞伴秀水的地貌，风景异常独特优美。

这个叫三里·洋渡的地方，足足叫徐霞客转了五十四天。

名字怪，其实指三里，也指洋渡，合起来叫而已。

名字的怪风格，也很符合这一片怪得让人喜欢的风景，像一幅没有画框的水墨山水，而人，就成了画里面的随意一笔。

徐霞客

走南闯北的徐霞客，二十二岁时就出了家门，什么样的风景没见过呢？再怎么说，三里·洋渡在那时，也是个偏僻得不能再偏僻的地方，而这位老先生居然会放下行囊，一门心思地在这里寻山问水，确实很能够证明一点什么。

洋渡为什么叫洋渡，已经不可追究了，徐老先生也不过是对洋渡作了一个源头说明：“有江西自上林大明山发源，东流至此，横为洋渡。”但他对三里·洋渡一带的风光却印象深刻，说：“其山千百为群，

三里·洋渡风光

或离或合，山虽小而变态特甚。”

好一个“变态特甚”！只一句话，就点了这幅水墨画的画眼。

这里有老渡口，也有新渡口。徐老先生当年上船的地方叫老渡口，如今已是“野渡无人舟自横”了。而新渡口虽好，却明显没了老渡口那份船声咿呀的古典画韵。

上船，上船。

船是彩船，船家一身壮家衣裤，依然可以唱几曲悠闲山歌。

水墨画就在高高低低的歌声里，像卷轴一样，一尺一尺展开来。在绿野田园上，奇峰突得写意，你愿意把它们想成什么都很正常，山后有山，石峰回合，峡高水碧，创意无限。船行水上，你可以什么都不说，什么都不做，只细细地感觉那种神游其中的读画境界。

漂而入画，想想都美得让人没话说。

白崖堡是徐霞客写得很细的一个地方，不知道这是不是跟他在山上的南岩洞里失而复得过一根拐杖有关呢？这个洞有三层，在他眼里，上层前洞是虎口，中层洞厅是虎肚，下层洞宫是虎脐，后洞，当然就是虎尾了。遥想几百年前，这位云游四海的大家，也不过只是凭借一支火把，就在黑乎乎的虎口里久久盘桓，可想而知，那份诱惑已经达到了无法抗拒的地步。

韦龟岩又是一个奇洞。在二十米高的洞顶上，一扇“天窗”静静亮着，日光一泻而下，在洞壁上映出诡异的光影。洞里深潭，碧绿得不像凡世俗物，潭水含在嘴里，有一种难以形容的清甜。所谓“上有通天之影，可以内照；下有逢源之窍，不待外求”，说的就是这个如“世外丹丘”般的美丽洞宫。

和这片秀山丽水多少有着牵牵扯扯关系的，是两件宝贝。已经有一千多岁的六合坚固大宅颂碑和智城碑，是目前存世的较早、较完整的唐碑。岭南地区数一数二的唐碑，这里当仁不让地拥有其中两块。风光和古迹本是两个概念，在这块土地上，它们却成了一个默契的整体。

在三里·洋渡，一条澄江，一条汇水河，“哗”一下就合成了后面的清水河。两江初遇时，你可以看到一条清晰的分割线，浊的一面恍若泥做的男人，清的一面也就恍若水做的女人了，一清一浊，阴阳共体，最后无法分你我。

三里·洋渡，水秀山奇。慢慢地漂下去吧，那一连串的名字，神女峰、夫妻树、情侣山、福寿桥……真的很休闲。

对这处水墨佳景，不去，又怎么能够体验到那种“瘦、透、漏、皱”的“变态”之美呢？

反正徐霞客那位漂泊者在这里待的时间，比在桂林还要长。

与猴共舞

龙虎山，在南宁市隆安县，距南宁市区九十公里，总面积约九十一平方公里，是省区级森林和野生动物综合自然保护区，森林覆盖率近百分之九十八，清清的绿水江蜿蜒穿过群山，龙山和虎山隔江相望，鸟语花香林密，山青水绿猴鸣。

一次，我请一位在龙虎山做事的朋友吃饭，在座的另一个朋友觍着酒脸问，哎，兄弟，听说龙虎山的猴子也流氓哦，会把美女的裙子掀起来看，是不是？

龙虎山的朋友哈哈一笑说，你问的这个，我不敢保证绝对没有，但如果连我都没遇到过，你说罕见不罕见？

这位朋友在龙虎山待了八年，那里的八大猴群约三千只猴子，差不多都认得出他那张脸。不信他，那我还信谁？

去龙虎山，除了看山看水，另一闲，就是与猴共舞。中国四大猴山里，龙虎山是最靠南的一座，大片大片的亚热带石灰岩季节性雨林，酿造了这里“夏无酷暑，冬无严寒”的特别小气候，游程内岩峰林立，流水潺潺，一条绿水江蜿蜒滑过，猴鸣声声远远悠悠。

猴是猕猴，绿水江南岸是龙山，北岸是虎山，这很容易让人想到周润发在竹林顶上飞来飞去的一部电影——《卧虎藏龙》。

绿水江上四条桥，每一条桥都有各不相同的桥面，但无论木头也好竹子也罢，在一片碧绿里，风雨桥、铁索桥、竹桥、龙门桥，都展示出一种不容怀疑的生动。

更生动的是猴群，朋友说，猴和猴的故事，足够你写精彩的小说。

在这里，随时都会迎面碰上猕猴，猴儿们忽远忽近，忽上忽下，忽跃忽坐，在你身边若即若离，眼睛眨了又眨，神情似笑非笑，让你

一时不知是人逗猴玩，还是猴逗人玩。人的主动，在于手里有各种各样的食物，有丢与不丢的选择；猴的主动，在于敏捷地奔跑闪避，也在于捡拾的愉悦或不捡拾的矜持。一只忧郁的猴子不会因为一块饼干而放弃自己的忧郁，而一只心情很好的猴子，却会在被逗急的时候把手伸出来，让你体会一下什么叫作“抢劫”。

与猴共舞的过程，实际上是一个“互动”的过程，当我们笑骂过猴子之后，回头一想，嗨，我们自己，有时候不也是没心没肺的吗。

朋友告诉我，龙虎山的八个猴群就像八个国家，按严格的“国际”秩序生存着，各有各的地盘。但在各个猴群内，每年都会有一次惨烈的王位争夺战，新成长的强壮公猴会明白无误地向猴王发起挑战，以期获得那种君临天下并独占猴妃的最高地位。这样的挑战异常残酷，少一只耳朵添几道伤口，那是再寻常不过的事情，有时，几个小时撕

咬之后，失败者甚至连落荒而逃的权利也没有了，它会为此赔上自己的生命。

这是动物的哲学，勇气和最原始的身体力量可以决定一切。

人的最大不同，在于具有强烈占有欲望的同时，也有着约束和控制自己思维的力量。

但人类会为同类设置各种各样的陷阱，而猴子不会。不知这是人类的悲哀呢，还是猴子的悲哀。自从人类双脚直立之后，猴子就注定了永远也变不成人。

唯一和人类相同的是，猴国的国王也拥有人类古代帝王那种对女色的绝对控制权。王霸之下，后宫三千，即使顾不过来，也不容任何公猴染指。猴王对游人的投食，往往爱理不理，十足一派王者尊严。

龙虎山的猴群主要分布在三大寨，山上龙山寨的猴群来去迅捷，具有极强的腾跃本能和团队精神；山腰白花寨的猴群比较平和乖顺，静等投食的到来；江边绿水寨的猴群更像是乐水的智者，似乎天生就有亲水的感觉，哪怕你把香蕉扔到江里，它们也会毫不犹豫地飞身入

水，捞而食之。

龙虎山当然还有别的许多风情，一线天、仙福园、红枫草坪、双峰拜月、虎山览胜乃至仙人洞，各有各的景，各有各的色，正所谓“行到水穷处，坐看云起时”，那一份都市外的闲情，几时才有一回？

但龙虎山最撩人的，还是与猴共舞的一幕。

洞穴的幻想

金伦洞，在南宁市马山县，距南宁市区一百二十公里，是广西喀斯特地貌最长、最大、最深的石漠溶洞，有“世界十大名洞”之称。

以洞论洞，金伦洞世界一流。

这不是我说的，而是1987年一个国际洞穴联合考察队论证后的最终结语。

金伦洞穿过十几座山的肚子，有八个出口，蜿蜒十公里，最大的洞厅面积，相当于十二个足球场宽。你也许会脱口大叫一声：“不会吧?!”但你很快就会闭上嘴巴，因为，一切都像你自己的手指一样真实。

金伦洞位于金伦山，山名和洞名，都来自传说中一个名叫韦金伦的壮族男孩。

在传说中，牧羊少年韦金伦因为躲雨而闯进洞穴，像金庸书里的令狐冲一样撞到了山中高人，从此留在洞中苦读诗书。在后来的某一天，少年收下高人送来的金袍、金鞍和金鞭，头也不回地上京城赶考去了。而结局也非常圆满，他最终成了一个拥有强大实力，并被每一个壮族人传颂不止的状元。

这个故事其实很简单，甚至没有太曲折的情节。说它是一个故事，不如说它更像一种来自族群的生活幻想和心灵寄托。

幻想总是很美丽的。

金伦洞

而金伦洞既有幻想的美丽，也有真实的美丽。

洞口之外，群山环抱，千峰竞秀，山长水碧林野；洞口之内，一条宽宽平平的通道悄然延伸，伴着四季丰盈的清水河一直进到长洞深处。由于这条地下河，洞内空气不停地颤动，像空调机一样制造着恒常不变的温度，冬暖夏凉，终年如一。

河的平静，穿梭的舟楫可以证明；路的宽阔，往来的车辆可以证明。这种水陆并进的溶洞游览方式，当然是天下奇景，否则，金伦洞又何以成为一流呢？

漂金伦洞，宛如穿越一部中国历史。洞景设计是从一根形如骨针的钟乳石开始的，一景一片天地，一景一个朝代。夏、商、周、战国……认一认幻象万千的石头传奇吧，黄帝不语、商都朝歌、子牙垂钓、褒姒展颜，更有孔子学堂、屈原投江、扁鹊出诊、桃园结义、贵妃醉酒、鲁达坐佛，甚至悟空进水帘、八戒背媳妇、白蛇救许仙、金伦洞苦读。

一晃眼，一洞的石头会活过来。

当无数盏不同朝代的灯亮起来的时候，迷蒙的洞里长河，更升腾起一份幻想中的神秘。

金伦洞，种满了幻想之树。

穿廊而过

百龙滩，在南宁市马山县，距南宁市区一百二十公里，紧靠210国道和水南高速公路，是广西的母亲河红水河——七百弄景区的重要一段，景色怪绝，“八滩八湾”尤其著名，被称为“红河画廊”。

百龙滩属于红水河，所以，有一段说红水河的话同样可以拿来说百龙滩：

“这条滩险流急，而又缺少航标的河，历来远离中原的视线，像一个羞涩的山中处女，在空山鸟语中，坚守着一种难为人见的纯净、朴素和神秘……”

有时候，我们不一定要知道红水河从哪里来，要到哪里去，只要知道这里有一段百龙滩，有一道被称为“红河画廊”的江河风景可以让人慵倦地靠在船上闲闲张望，就很好。

严格地说，百龙滩风景，仅指百龙滩电站到大化中间红水河的一截。红水河沿着两级河床，在狭长的山谷间缓缓流动，把两岸景致拉成一条二十多公里长的风光长廊。

这一段河面，滩多，湾多，沙洲多，乱石铺陈，崖壁高悬，绿树如烟，当河上没有第二条船的时候，你绝对会有一种穿越野境的惬意。

就随一叶小舟上下漂吧，让眼睛在河水特有的气味里随意梭巡，意识，也就像河水一样流得无拘无束。不再有上班的铃声催你，不再有无尽的应酬逼你，也不再有电话费水电费煤气费保险费等等单子不断地烦你躁你，人间俗事，会在那个半天里和你隔得很远很远。

百龙滩风景，很多时候不需要有什么似是而非的名字，那些滩湾洲峡，不经意间就闪出来了，奇的怪的，险的秀的，层出不穷地慢慢滑到眼前，又慢慢消失在浪痕浅浅的身后河岸的远处。

看见从容淡定的水上人家了吗？看见渔人收金挂银的网了吗？看见稻花香处，农家屋顶上的缕缕炊烟了吗？正是“一片闲情春水隔，斜日人归”，这样的意境，怎不叫人叹了又叹。

沙洲，挟一份岸芷汀兰的诱惑，不

声不响就在船旁了。阳光斜着掠过洲上白沙，一片晶莹耀眼，别是一种况味。

红河画廊，在水光山色里舒展得悠远而悠闲。

就在这里，就在这片水下，你知道吗？你感觉得到吗？清清水流日夜雕琢的，是画廊里大大小小的另一类神奇宝贝。

奇石。

红水河奇石。

因为独特的河床，也因为独特的潜流和地质构造，红水河奇石呈现出异常奇特的形状、质地、纹路和色泽，是中国奇石玩家眼里的“美洲新大陆”，和声名远播的太湖石、灵璧石、雨花石及三峡石一起，傲然成为华山论剑的美艳一派。

在百龙滩一带出水的马山县奇石作品，曾经取得2002年柳州国际奇石展评一金三银的好成绩。

当然，真正的宝贝精品并不轻易浮出水面，它们大多生成在潜流

百龙滩电站

复杂的水下岩层中，水面目光，捉不住水下峥嵘。

那就想象。

或者，在某一天某一个午后，机缘巧合中，你真就会和某一块奇石不期而遇了呢。漂过百龙滩，也就埋下了一段缘。

穿廊而过，是一件很写意的事情。

情 人 谷

情人谷，在南宁市宾阳县，距南宁市区约一百二十公里，由镇龙山脉形成，景区全长八公里，山势奇峻，树影层层，风光旖旎，清丽可人，设计的是浪漫主题。

在南宁桃源路的绿茵阁咖啡厅，我和车友会的陈君一晚上喝掉了两壶熏衣草茶。

最后他说，嘿，真闷！去趟情人谷吧！

在那之前，我不知道情人谷，不过听名字，好像有点武侠小说的意思。但两个男人去情人谷，也有点太……

你知道啦，陈君说，我刚拿的驾照，上高速心惊惊，你不会见死

相思潭

不救吧？

第二天上他车，我才发现，车里还有个女孩。陈君咧着嘴，没事似的把驾驶座让给我。怪不得去情人谷，这趟车夫，我算是当定了。

车过宾阳县的黎塘，情人谷的影子近了。那女孩一直没说话，就听陈君叽里呱啦说个没完。我把车稳在一百二的时速，一路过来，好歹听了个大概。女孩刚没了父亲，躲在家里小一个月不出门，陈君这趟，怜香惜玉的担子重着呢，虽然，女孩好像并没答应过他什么。

一进谷我就说，你们，先走先走，我办件大事。陈君看我捂着肚子的模样，很有悟性地说了句“跟上来啊”，就和女孩消失在弯道后面。至少在今天，情人谷是属于他们的。

我在一个老人身边坐下。旅游呢？老人问。我说是啊，陪人旅游。老人笑起来说，那两个孩子，挺般配的嘛，你怎么就放单了呢？我说不知道，傻乎乎就跟来了。老人再次笑起来说，唉，情人谷嘛，两个人进去总是有情调一点，我在这十年啦，见人无数，进谷的双双对对，没有不热乎乎出来的。我说是吗，可这里，怎么就叫作“情人谷”了呢？老人说，传说啦！以前的以

前，一个做油纸伞的后生，因为穷，好久都娶不上有情人，就离家发财去啦。这一去就是十二年，痴情妹子也等了十二年，后来后生衣锦还乡，在山谷湖边摆下长桌盛宴，终于喜结良缘。乡邻敬重这对情义夫妻，就把这片山谷叫“情人谷”。

老人转头看看我，又说，其实，就算是一个人，这谷里面的风景也别错过，真的。哦，我说。算着陈君已经走远，我辞过老人，向峡谷里蜿蜒行去。

小路盘得有点怪，石头皱得有点怪，连我的独行，也透着一种奇怪的意味。一面石壁压过来，似乎没有路了，一拐弯，却“哗”地一下，整片湖露了出来。这应该就是情人湖了。在三面山峰之下，湖水轻柔地倒映着山影树影云影，于正午阳光里氤氲出湿湿暖暖的水枝丫的香气。一只鸟掠过水面，荡起暧昧的波纹。想想在没有山的那边湖岸，曾经摆过传说中的八十一台酒席，也算是撩人向往了。山水之间的夫妻对拜，再怎么说都不缺浪漫和别致。

过了湖，我听见了陈君的声音。那是石潭区吧。景区介绍上说，石潭区有一公里长，十多个石潭大大小小，潭水清澈冰凉。我不知道陈君说了什么，只看见女孩头上多了一个花环，她把双脚浸到潭水里，很抒情的样子。潭水真的很清很绿，在怪怪的大石旁边，大的潭小的潭，一汪一汪的，碧出那种好像猫眼石才有的漂亮色泽。

在他们身后，我悄悄走了过去。峡壁区同，看的是一种气势。一大片峭壁，长到一百米，高到几十米，似乎是一把天刀劈下来之后的样子，抬头久了，总感觉石气逼人。宽宽崖壁上，山藤乱卷，垂枝倒悬，直如万蛇蠕动，攀岩而上。我想这一片景，在情人谷中也许另有效果吧，女孩子面对高崖时的本能惊悸，会不会让她一头扑到身边那副还算坚强的肩膀上呢?

情人谷的最后一道风景，是六十米落差的飞流瀑布。我见过太多的瀑布，但仍对每一条瀑布都保持敬意，只有瀑布，才会让柔软的水流迸出美丽的激情，让人类感受到一种超越常态的水的尊严。

在轰响的瀑声里，我坐到一块密布苔藓的青石上，任水雾飘湿头发。这里，没有任何一种元素会给人制造精神上的痛苦，这是一个足以让郁闷消退的地方。

陈君和女孩终于上来了，他远远地朝我挥挥手。他的另一只手，居然已经搭在了女孩肩上，两人举头看着瀑布，就那样久久保持着那个让人嫉妒的姿势。

我很难定义陈君对女孩的所有举动是不是“乘人之危”，从女孩没有拒绝，并跟陈君不时低语的神态上看，这趟情人谷之旅，对于她绝对是一件美好而及时的事情。

后来陈君为女孩取了个外号：

“香草。”

在尖叫中漂移

陈平江，在南宁市宾阳县，距南宁市区四十二公里，是邕江的一条支流，江长三十七公里，滩险流急，礁石错杂，是广西南部一条典型的惊险刺激式水上漂流线，人称“桂南第一漂”。

从本质上说，人是不甘于平寂的。否则，又怎么会有马路上发生任何一件事，都会引得观者如潮那样的情景呢？

在无数个周而复始的工作日和无数个拍模月饼似的双休日之后，许多人常常会在家里响响地打个呵欠，大喊一声：“闷啊——”

既然如此，为什么不去陈平江？

陈平江的刺激，在于大起大落的漂滩，在于水花迸溅的心跳，也在于某种征服欲得到满足之后的愉悦与豪情。

这是一条毋庸置疑的清水江，江流清纯之极，岸石偃仰，杂树如烟，一江都是风景。狭窄的河床，不断挤压和扭曲着纯情的水流，制造出一层又一层滔滔白浪，哗哗水响，使林间群鸟的叫声变得隐约而又悠远。

橡皮筏在码头边不停地颤动，挑战每一个自认为迷失在琐碎生活中的郁闷者。

拿上桨，穿好救生衣，GO！GO！GO！

漂过急流是肯定的，漂过险滩也是肯定的。

在某一个有落差的转弯处，筏子会一冲而下，浪花飞溅在筏头，扑得一脸一身，那叫一个“爽”。尖叫吧，有时候尖叫并不代表恐惧，而只是一种情绪的放肆宣泄。

一块两块礁石，也许会一头就撞过来，闪，绕，点，撑，那种只凭一支桨就左右逢源的快意，如果只是躺在浴缸，又怎么体会得到？

旋涡，暗礁，回旋弯，筏子左摇右摆，前俯后仰，一切，都在挑剔你的细心、耐心、信心和胆魄，以最公平的方式考验每一个人的人生瞬间。

好了，急流过后，江面渐渐舒缓，而至最终的极端平静。此时，你一定会不自觉地比较那异常强烈的漂程反差和情绪反差，享受大惊大喊之后精疲力竭却又意犹未尽的坦然、安宁和从容。

百年古树从船边滑过，细细歌谣在耳边响起，三五头水牛踏草来了又去，阳光在湿衣衫上暖洋洋地晒出了让人难忘的丝丝水汽。

这时候，你怎么也想不起来自己是怎样尖叫的，而你，又确实尖叫过了，并且在尖叫中漂移了十几公里。

在陈平江，尖叫是一种特别的情调。

九曲之水温也柔

九曲湾温泉，在市区东北方向三塘镇，是一个以温泉旅游为主并具有浓郁民族风情的度假区，温泉水从地下约一千二百米深的地热田复合圈喷涌而出，属少有的重碳酸钠型及含氡、偏硅酸的氟医疗热矿水。绿意婆娑中，雾气缭绕于小桥流水和悠然古曲间，别是一番况味，为“中国十大温泉质量品牌”之一 。

我敢打赌，这个世界超过百分之六十以上的人有温泉情结。正像某篇文字里所说：“作为动物的人，本来就在温水里孕育、出生和成长，泡温泉，在某种意义上是一种回归。”

有时候，你真的没法否认。

九曲湾中药理疗区

2006年以前，在南宁想泡一次温泉，至少要奔波两百公里以上，桂林龙胜矮岭温泉、贺州路花温泉、来宾象州古象温泉、玉林陆川温泉乃至东兴峒中温泉，去一趟，无一不需要你大费周章。

但现在，南宁也树起了两面温泉旗帜，相对近一点的，是九曲湾温泉。顺着快速环道抵达竹溪立交折向东北，温泉的影子就很近了。应该说，相对于南宁另一处温泉嘉和城，九曲湾温泉的风格更民族一些，也更小桥流水一些，那种回廊曲绕的味道，倒是跟九曲湾这个名字有一份天然的契合。所谓“更民族一些”，指的是一进正门，你会一眼看见一壁《八桂风情》大浮雕，再看，就是壮族始祖布洛陀和生育神姆六甲的塑像，更有十二根象征广西十二个世居民族的图腾柱环列于小广场，加上六面铜鼓和三米直径大绣球，你绝对不会怀疑自己身处壮乡之都。总台前后，服务生无论男女，一概民族装束，笑靥如花，往来如蝶。面对如此动静相宜又浓郁之极的民族和民俗文化氛围，你很难不在异常松弛的状态下获得一些精神上的体验与解读，关于民族，关于历史，关于这片土地上的点点滴滴。

真正进到温泉区，很原味的石头、木头、高低起伏的几百种亚热带植物、氤氲缥缈的温泉水汽、这里那里的涓涓水声以及无处不在的中国古曲会完全将你包裹起来，即使暂时还没触摸到温泉的柔软，你也可能很快就融化在那温暖的意象里了。温泉之诱，从容弥漫于小路弯没的地方，弥漫在一层又一层抓也抓不住的暖暖白雾中。

在小巧玲珑的亭台楼阁影子里，在弯来绕去的曲径通幽处，在错落有致的大小温泉池边，你终于会忍不住产生与温泉水肌肤相亲的强烈欲望，找一处池边石阶，慢慢地走下去、走下去……看腾腾水汽缓缓升起，温暖的水流渐渐漫过池边，心，瞬间会解除所有警戒，像温泉水一样纯澈透明。雨也许会凉凉地飘下来，点点滴滴打在亭檐上，打在亭檐外的池面上，敲出一种短促的节奏，与泉水共舞。你可以在池中静静坐着，仔细感觉热流抚身，捕捉出水口送来的鱼儿触掌般的快意。而实际上，也确实有一池小小的亲亲鱼在某一个拐弯口水流里，等你，等着用细细鱼嘴吻你的每一寸肌肤。

此时，你会感到世界异常安静，只有水的声音掠耳而去，热热水汽袅袅起来，你那一直很理智的双眼或许突然就有些潮湿。

水很热，奢侈的浸泡不用太持久，间歇的休息是必须的。你不必考虑池外有多凉，直接沐风而起就好了，那风中的凉意，显然只能游

九曲湾百草养生区

荡于你的身体之外，冷与热，在此时会交织出一份难以言说的舒爽境界。

重进水中，你的舒爽也许会更加强烈，任由清流淹没肩膀，你再从容地擦洗那些已微不足道的陈旧伤痕吧。你会觉得，自己的痛苦不会比山更重，心事也不会比水更多，太多的叹息不免显得过于矫情，那么，学学山，学学水，坦然一些又何妨？

眼前一池池热乎乎的温泉，总比城市里的焦躁来得更真实。

你慢慢体验下去吧，体验九曲湾温泉所拥有的全部——低温池、中温池、高温池、水疗池、按摩池、枪林弹雨池、壮瑶医理疗区、九帘洞、百花养生区以及熏蒸逍遥区、干蒸房、湿蒸房、泥巴浴、石板浴、鲜花浴、啤酒浴、芦荟浴乃至一壁高高的攀岩墙等等等等。在温泉的怀抱里，你想要多柔软就会多柔软，想要多温暖就会多温暖。

九曲湾温泉，绝对是个让你安安静静感受生态之魅、民俗之魅、古典之魅和亲水之魅的妙意所在之地。

水温水凉任逍遥

嘉和城景区，位于南宁市昆仑大道995号嘉和城内，由温泉谷、高尔夫球场和欧式风格别墅群组成，温泉水源自一千三百米深处的寒武纪地层，历经一万两千多年深层蕴藏，属优质偏硅酸医疗型热矿泉，温泉谷是依据第四代温泉理念设计的集疗养、水娱、SPA等为一体的大型复合型温泉度假区。

活力SPA保健水按摩中心

如果说，九曲湾温泉体现的是仿佛如臂弯般小桥流水的柔软环抱，那么，南宁另一面温泉旗帜——嘉和城温泉，体现的则是天高地阔的另一种温泉味道。从九曲湾再往宾阳方向多走三公里，好像一眨眼间，跟一群群别墅和高尔夫球场共享大片绿野的开放式温泉区就突然跳到你面前。

这是在面积上显得更大、风格上更异域化、以温泉和常温水组合出更多养生、娱乐气息的嘉和城温泉。

在这里，你每一次的往来游走，都拉长了在浓浓绿意夹道中欣赏和回味的距离。

泰王国瀑布叠泉、神木岛温泉

加勒比冲浪　　　　温泉中国区六神汤

当然，无论在哪一处温泉，入池所感，温暖和柔软总是一定的，我读过的一段文字对此作了非常感性的描述：“柔软，应该是温泉的本色之一吧，它总是以柔软的体态接纳你、拥抱你。如果说女人的爱是柔软的，那么，温泉给你的爱比女人的还要柔软。这是流淌的柔软、透明的柔软，是水面微微暖气吹来的柔软，也是毫无缝隙的不间断的柔软。你用手抓这柔软吧，你当然可以抓住它，然而只要一松手，这柔软便从你的手中滑落。它一旦将你拥抱得严严实实，你就进入了温暖而柔软的心之家园……”

进入温泉区，很多人都会选择所遇见的第一个池子适应水温，这个池看起来没什么特别，但，它却自有诱惑，那就是——泡着温泉看电视。池子中央竖着一方多棱柱，每一个截面上都有屏幕画面在闪动，淡淡水汽蒸腾而起，朦胧水，朦胧树，朦胧人，朦胧能够朦胧的一切。

同时拥有温泉与电视的享受，无论如何都不是一件可以经常发生的事情。那一刻，即使你近乎天体入浴，也时刻感觉到这个时代无处不在的提醒。

在嘉和城温泉区，你体验的是一种渐渐铺开的宽阔，天很高，云很白，树很绿，花很香，视野常常可以延伸到很远，当然，也有一些起起伏伏的长坡，让你不断发现一部分原来隐藏在坡那边的新鲜风景。

在“千年华夏”，大大小小的温泉池子还是保持了亲切感很强的中式风格，亭台临水，雕栏回廊，池中除原生态温泉外，还有部分体现了各种不同的中医药浴功能，当归浴、薄荷浴、菊花浴、玫瑰浴、檀香浴、茉莉浴、生姜浴……不一而足，其中，以六种花浸泡的六神汤池，几乎是女人们无法抗拒的吸引，置身其中，一如梦回唐朝。

嘉和城阿波罗水景广场

中式是一种选择，而异域情调，则给你提供了更多的跨国体验，东瀛酒浴、泰国果浴、干湿蒸浴、浪漫温馨雅苑……不同感觉的各式温泉池在特定的风格建筑里摇动着无形的橄榄枝，令你欲去还留。而同时，打上了鲜明时代印记的SPA水疗，真的会让你记忆深深。

在这里，你可以躺到被温泉水汽蒸染得暖暖的青石板上，听听鸟鸣，看看云走，或者一无所想，闭上眼睛睡个慵倦的午觉；在这里，你也可以信步去到玛雅水上世界，去体验刺激的高空滑梯；在这里，你还可以体验到神秘的环岛漂流，或者，奔向能够制造出强劲波涛的常温水滩头过一把冲浪瘾，想象一下自己也许有过的夏威夷之梦……

温泉水滑洗凝脂，万种逍遥入梦来；浴罢恍若肌骨换，飞尘尽去一身轻。

温泉，是形象的、流淌的、现实主义的温暖；人，则是站立的、行走的、会思想的、会说话的乃至会吵架的温暖。人与水的关系，在

玛雅水世界神秘漂流

东瀛馆鲜奶温泉浴

欧式别墅

温泉里全然无隙，自然之水，用温暖的液态温暖你的身体，也温暖你的精神触觉。缓流不息的温暖不断抚摸着你，也不断抚慰着你。温暖，终会慢慢转化成快乐，爬上你的肌肤，爬上你的眼睛，一直渗透到你心里面最柔软的一个角落。

环湖别墅

这里有热的水，也有凉的水，有东方含蓄的诉说，也有西方奔放的宣泄，在每一个不同的池子里收藏着人类可能一生都在寻找的快乐与逍遥。

在嘉和城，你也许会发现一个不一样的自己。

高尔夫别墅

从南宁向南走，上山！下海！出国！

当南宁成为一个支撑点的时候，整个桂南旅游区的视野里，一定会出现北海、东兴、凭祥、宁明、大新、靖西这些对外来者而言也许很熟，也许完全陌生的地名，而这些名字和广西旅游中“上山、下海、出国”的典型特征紧紧粘连着，在南宁以南两百公里范围内，在距离

东南亚诸国更近一点的地方，向居住或暂时停留在南宁这个广西中心城市的人们抛掷着很难抗拒的诱惑眼神。

桫椤。

海鲜。

边境。

黄金海岸。

跨国瀑布。

巨型峡谷。

一壁高崖上无数小人跳神秘舞蹈的花山壁画。

找一辆车，一切，都不再是问题。

去吗？去吗？

○ 北海，一座蓝色的城市

去北海，必须去银滩。

银滩之媚，首先在于沙质。那些沿着弯曲海岸静静躺着的细细沙粒，有着很难从别处海滩看到的银白纯粹的颜色，在阳光下闪烁着圣洁的光芒。捏一把在手上，沙粒晶莹剔透，细致得让人吃惊。当你知道这是纯净的高品位石英沙经亿万年海水冲刷的最后结晶时，心里所有的问号，也就随海潮一泻而去了。

沙白，滩就叫银滩。最早的原始滩面，绵延二十四公里，实在宽

亚洲第一滩——北海银滩

阔得吓人，单就海滨浴场而言，它无论如何都不会辱没“中国第一滩”这五个非同一般的汉字。

这绝对是一个漂亮的海滩，长滩，净水，细沙，软浪，椰林……夏天的太阳，一下上了红屋顶，深深浅浅斜斜，晒在海上，晒在伞上，晒在轻轻晃的小艇上，晒出很多明媚灿烂的海诗的灵感，海蓝蓝，堆着白色的浪丘，勾人撩人。

你从木栈道上走下去吧，在夏威夷风格的小屋里换上泳装，租一把大伞在滩头，全无正经地扑下海去，让一口海水撞击肺腑，撞出一种真实的海的感觉，即使在五十米以外的水下，你的脚趾依然能够抚

摸到柔软的沙底。

让孩子在最浅的水线前拾贝，追异常灵活的沙蟹玩，你根本不用为他们担心，只需要在离开海水之后，认真地看一看他们手里的矿泉水瓶，那里面有沙，有海水，还会有两只无奈的沙蟹。

之后，一家子人，到旁边的棚屋里慢慢点几味海鲜，就几瓶啤酒欣赏海的味道。或者去外沙岛，那里，食肆林立，招牌乱眼，不仅吃海鲜，咽下肚的，还有一种吹满了海风的气氛。

又一天早晨起床，就可以考虑去涠洲岛了。二十一海里以外的那个岛，是中国最大的火山岛吧。看看南湾港海边，半圆的火山口依然在，只是早已沧桑，只有凝固的岩灰和凹陷的结构还在默默念叨着曾经的喷发和辉煌。三婆庙、天主教堂及滴水丹崖，明显的有点苍老了，但对于你，它们一样风韵犹存。即使只在岛的另一边套上脚蹼，和某一位教练一起潜到海底，也足以让你感受到一份莫大的吸引。

在蔚蓝的大海面前，北海，也有了一个美丽的蓝色轮廓。

在北海人的潜意识里，只有海滩才是北海的名片，而那些用水泥和钢筋堆积起来的东西，不过是北海的某一件化妆品。

化妆品是暂时的，海，才是真正的永恒。

○ 北仑河的那一边

从东兴市看越南，只隔着一条北仑河。最宽的河面，不过一百多米，对当地边民来说，在好多小码头上，一抬脚就过去了。

在刚到东兴的人眼里，越南最初的概念，只是河对岸那一面高高飘着的，只有一颗黄色五角星的越南国旗。

北仑河那一边，是越南芒街。

几乎所有想去看芒街的人，都先在东兴盘桓过头一个晚上。你无法从南宁坐近两百公里的车到东兴之后，马上就能办到进入芒街的临时护照，虽然，那本护照可以办得很容易。

于是，在黄昏来临的时候，很多人选择了去看北仑河。从临河的小街一路走过去，你偶尔会看到某一栋房子前面，白天上岸的海鲜正

繁忙的北仑河

越南芒街

在被按类分离处理，腥湿的味道飘到好远，让人有一种离海很近的真实感。而实际上，北仑河的出海口，也真的已不远了。你可以在林立的食肆里随便挑一间大排档，对着河坐下来，在一片红红绿绿的灯影里，再看看晚上对面那有点神秘的越南。虾和蟹是肯定要吃的了，还有香螺呢，青螺呢，红鱼呢，沙虫呢，带子呢，运气好的话，你也许能和另一桌客人一起合买某条小鲨，然后凶猛地把那条凶猛的东西下掉。或者，大排档的老板会告诉你，在某一段岁月里，河对岸的山坡上布满了恐怖的地雷，让你突然生出瞬间的惊悸，但你很快就回过神来，重新感觉到中越边境 21 世纪初的安宁与平和。当你睡醒过来的时候，毫无疑问已是第二天早上了。八点开关的东兴口岸，已经在熙熙攘攘的人声中向你招手。

出了关，你直接面对的就是越南国门，门边高大俊朗的越南边检，还是让你有一种“想不到”的惊讶，而在你一转头之间，身穿越南旗袍的异国女孩，又会向你展示出另一种味道的袅娜娉婷。

芒街只是越南的一个小镇，但在越南人眼里，它应该具有深圳对

北仑河摆渡

于中国那样的意义吧，尽管在越南狭长国土的南端，有一个灯红酒绿的胡志明市（西贡）。

在芒街，如果略去语言的差异，那么，你很难分出谁是中国人，谁是越南人，只有许多飘过眼前的小楼，能让你生出“此非吾土”的判断。那些别致的楼房，依然坚持着曾经流行的法国风格，圆拱形的窗户、细密的百叶窗扇和法国式的中性色彩，再怎么样都是一种记忆里找不到的新鲜。

走进街市，你很轻易就成为把“一万元”不当钱看的富翁，因为，

你随便掏出来的一百元人民币，马上能换到二十万越南盾。你很难想得明白，越南人为什么要把他们的货币单位搞到这么吓人。

越南馆

然后，你去买越南特有的红木制品、绿豆甜点、软装咖啡和合资法国香水吧，可以肯定的是，你几乎不会空手离开芒街。

有时间的话，去看看茶古海滩也不错，也只是看看吧，在另外一个国家，下海游泳不免有点“奢侈”了。

在撤退的途中，你不妨喝一个椰子，或者买几个火龙果，这些东西，比任何饮料都来得实在。在一顶太阳伞下悠闲地吸着椰汁，看越南小孩子不停地跑来跑去，你的满足感会非常直接。

面对中国国门那面熟悉之极的五星红旗，每一个从芒街归来的游客，都会在斜阳映照之下，自内心深处翻涌出一份特别的亲切和温情。

六十多年前，当简陋的东兴依越南成为中国与美、英、法及东南亚之间重要的通商口岸时，精明的商贾们，能否想象出东兴今天的样子呢？挨着不远处的防城港，东兴已经明显感受到了紧靠着大西南主要出海通道之一的种种好处。

东兴的辐射性，从几座大楼就看得见了，比如江苏宾馆、茂名宾馆、温州宾馆、宜宾国贸大厦和浙江商业城。

不是吗？

○ 倾听雉堞的回音

在中国有名的古关楼序列里，友谊关从未真正消失过。

这是属于广西凭祥，也属于322国道的友谊关，再过去哪怕一步，你闻到的就已经是越南泥土的气息。

“零公里”的碑柱，不仅连着一百六十公里之外的河内，也顺着322国道，牵扯到了大半个中国。古关楼的独特不在于造型，而在于它是中国名关中，唯一还在使用着的原始关型建筑。

关楼上的齿形雉堞，沉默地展示着饱经风雨的沧桑，而那些斑驳的墙砖，似乎随时都在风中低鸣出历史的回音，有无奈的悲痛，也有

中国军队在镇南关抗法大胜图

伟大的尊严。

这道古关，先后有过六个名字，雍鸣关、界首关、大南关、镇南关、睦南关、友谊关，其中镇南关那一页，留下了一个六十六岁老人的刚烈背影。当1884年法国人的炮弹在关上炸响的时候，那个已经离职退休两年的老人，在守关提督杨玉科猝然战死之后，极端愤怒地亲自提刀上阵，率领大清官兵奋力拼杀，以不要命的肉搏战法，全面杀

1949年12月，人民解放军解放镇南关

友谊关

退有枪有炮的骄横法军，两天之内，就让法国人留下了一千多具尸体，以最快的速度撤回到越南谅山以南。这一战，导致了当时的法国内阁集体辞职。

那个老人，叫冯子材。

冯子材的那次镇南关大捷，是中国近代史上反击外来侵略的第一次，也是唯一的胜利。而民主革命的先驱孙中山，也在1907年来到关前，策划了震惊中外、以推翻清朝为最终目的的镇南关起义，这也是他一生二十多次反清起义中，唯一亲临战斗的起义。

风从南方吹来，今天的友谊关，在坚硬的墙面上折射出了21世纪一个大国的坦然和从容。这是一座四层关楼，关门拱顶，底楼通道长二十二米，石栏雕工精细，窗上构图很美，门框和门板雕花刻意，古色古香。二楼陈列着自镇南关大捷以来各类事件的图和物，三楼是中越外事会晤的所在地。关门上的“友谊关”三个字，仿佛仍在散发出题写人陈毅元帅提笔时的淡淡墨香。

在关旁捏一点土放到鼻子下面，你似乎能闻到鲜血和火药的气味，也能闻到在中国这页稿笺上写了很久，并仍将继续写下去的强国诗篇的芬芳。

在现代中国的大版图上，拥有友谊关的凭祥，基于与越南一号公路及主要铁路线紧密相接的优势，直接成为中国通往越南及东南亚最大最便捷的陆上通道。

这个通道的咽喉，是友谊关。

○ 神秘的悬崖舞蹈

每一个仰望过花山崖壁画的人，都会感觉到一份压到头顶的神秘。

宁明县的明江两岸，有太多这样的崖画奇迹，但只有花山的一壁长崖，最集中地体现着一种俯瞰众生的伟岸气势。

悬崖舞蹈——宁明县花山壁画

也叫做巴莱山的花山，在明江东岸默默地站了几十万年或更久，目睹过沧海桑田，更把我们百越先人的堆堆篝火看了个遍。突然某一天，花山觉察到了胸膛上的第一丝痒痒，然后那种痒就越来越密，越来越多了。它知道胸前为什么痒，知道人们在干什么，也知道人们在画什么，更知道终有一天，自己的皮肤会被一种赭红的颜色描得满满的，奇怪的图案会像鳞片一样布满胸膛。

人类当然没有恶意，他们要的，只是一种精神上的象形。

于是，花山崖壁画在山的宽容和理解中，一直留到了现在。

那面崖壁画，有四十多米宽，有一百七十多米长，顺着高高的崖壁一直铺下来，画面上，是一千三百多个青蛙姿势的人形，最大的一个，高达三米。正面的人形，侧面的人形，有头插羽翎的样子，有腰挂佩刀的样子，有骑马梭巡的样子，有跳跃奔腾的样子，有托物献贡的样子，有执镞昂扬的样子，杂着铜鼓藤牌之类的圆形轮廓和狼狼虎虎之类的动物轮廓，林林总总，扑朔迷离。

是战争吗？

是围猎吗？

是欢庆吗？

是文字图符吗？

不管是什么，一眼望去，所有的形体动作，都渗透着某种原始舞蹈的古老元素。

扳起手指算，那已是模糊得让人迷乱的古史，零星溅散着牺牲者暗色的血浆，也招摇着腥味浓浓的斑斓禽羽。丛林里有千年不熄的火把，悠荡的啸叫在银杉和古藤上磕碰不休，无数张深眼眶的面孔绽出诡异的笑容，制造了数不清的生死谜语。

谁画的？什么时候画的？怎样画上去的？为什么要画？

没有人能够给一个最准确的结论。

只有一点可以确认，这片崖壁画的主人，是壮族的先祖。

在如此高崖上进行最原始的工程，而且千百年风吹雨打而朱颜未改，这无论如何都是一个神秘的奇迹。

因为古老而朴素，因为朴素而能达至精神上的永恒。

来看花山吧，也许，你一生中只有一次机会。

○ 穿透梦境的瀑声

瀑布，就在大新县一个叫德天的村庄旁边。

现在已经没有人去注意那个村庄，因为，它的名字给了一片奔泻的水流，所有去看瀑布的人，只知道瀑布的名字叫德天。

还没见瀑布呢，瀑声就已经听到了，那隔着山梁的、全无顾忌的轰然水响，老远就给了你关于一个大瀑布的提醒，让你顿时凝神。

瀑声阵阵，如夏天远空滚过的一串闷雷。雷声可止，而瀑声长久不歇。白得耀眼的瀑布，在阳光里，“噌”一下就从某道山的弧线后面闪出来了，让你的眼睛猝然充满惊喜。遥视中的德天瀑布雾气蒙蒙，那是归春河水在崖树、山石和碧潭上冲溅出来的淡淡水汽吧，像一袭白裙上飘着一条白纱巾，清纯，朦胧，空灵。

德天瀑布的个性，既在于它的狂放，也在于它跨越国境的独特身姿。正像世界

最大的跨国瀑布尼亚加拉可以分解成加拿大瀑布（马蹄瀑布）和美国瀑布一样，德大瀑布，也在边境上有了两个名字，越南境内的叫板约瀑布，中国境内的叫德天瀑布。

分隔瀑布的是浦汤岛，分隔国境的是归春河。

德天瀑布，早已被打上了“亚洲最大天然跨国瀑布”的清晰图章。

这片宽达一百二十米、高至七十米的巨型瀑布，以三十八股大小不一的急流和异常复杂的水道，在观瀑者面前尽情演绎着错落有致而又惊心动魄的三级跌落过程。最上一级飞瀑恍若林间游龙，自丛林中

德天瀑布——亚洲最大天然跨国瀑布

一头扑下，围成一张三十米落差的弧形水幕，再转身向左冲出，流成二十米落差的第二级飞瀑，最后和其他千万道水流一起奋力腾空直泻，铺成了最为宽大的第三级飞瀑。

德天瀑布，几乎浓缩了中国瀑布的所有品性和表情。

在瀑布顶上，在密密的丛林之间，到处都是飞流和水响，到处都飘荡着湿润活泼的水的语言，常常让林间过客来了又去，去了又来。

这方景致，非常适合水墨生宣，一点重墨下去，边缘慢慢洇开，淡淡的墨印子扩展得恰到好处，不需要再作多余的渲染。

浦汤岛，就静静卧在瀑布顶上的归春河里，听瀑。

归春河并不匆匆，清清河底，小鱼自由游弋，石头被冲刷出干净的本质。这条河从不许诺什么，所以，在冬和春的季节，它会顺其自然地变得清瘦，即使瀑布已经从狂叫变成细细地哼唱，也绝不因此改变。有枯有荣，才是自然的秉性，不到时候，又何必强求呢？德天瀑布的好，正在于“清水出芙蓉，天然去雕饰”。

浦汤岛上的五十三号古老界碑，带着一百多年的记忆，默默地注视着水上水下的一切。

瀑布依然。

当你在德天山庄住下，那瀑声，就注定要穿透你的梦了，甚至在你第二天去看不远处的黑水河和明仕田园时，耳边，仍然会水响汤汤。

○ 阅读一个峡谷

一直是一片平平的地，突然就陷下去了，而且，一沉就是三百米。每一个细节都会告诉你，这是靖西县一个不折不扣的原生峡谷。

从通灵大峡谷北口数不清的台阶往下走，你一下就跌进了一天一地的绿中间。不，如果只说绿，还是平常，这是一波又一波沧桑而生动的绿潮，远离尘嚣，远离金属，远离欺骗，把“原始”两个字拆解得淋漓尽致，且在峡谷落差中层层错开，婉转曲折，浅浅深深，次第流露出一千一万种植物生命的不同内容。

在这里，你不能漠视任何东西，哪怕一根古藤，你别动它，那是它千百年的家。

石阶之侧，林木汹涌，被阳光晒过的风，一进谷就被打湿了，而

阳光，也在小径上漏得细细碎碎。

好峡谷。沿盘旋长梯穿过通灵宝洞下到谷底，一抬头，满眼已是封闭着的高高山崖。

谷中的数里走廊，四面壁立千仞，就算只把日历倒翻几十年，这里也还是人迹罕至，绝无现成路径可寻。这个峡谷最古老的一页，刻在一种叫桫椤的树上，那个满是恐龙的时代，久远得叫人迷茫，读桫椤，也就是在读远古的一个美丽符号。旁边，那腰肢婀娜的莲子观音坐蕨，也应该听过恐龙庄严的足音吧。

桄榔、梧桐、魔芋、黄连、金丝李、绞股蓝、野芭蕉、咬人树……翠鸟在亚热带雨林里不累地高叫，唱出了它在这片森林中间永不丢失的自尊。

风凉时刻，峡谷的河出现了。河流出自一个洞口，从谷中长廊这头走到那头，水声泠泠不绝，带出一地清凉。

峡谷的肚子，竟然有百米宽度，两壁之间像一个巨大的天井，让你可以懒懒地看云。纯净的阳光哗地洒下来，把谷中照成桃源景象。溪、石、树、草、花、果、蝶，空气有水洗般的品质，一呼一吸，完全是赤裸裸的身心晾晒。

在河岸选一块青石坐下吧，聆听四周每一种声音，空山鸟语，风送虫鸣，嫩树悄悄拔节。是的，城市灯光虽然明亮，却让我们失去过很多，在许多个夜晚，当我们满心伤痕地推开家门的一瞬，才发现心中涌动一份对自然的本能渴望，这样的渴望，是我们坚果似的外壳下一个最柔软的角落。

峡谷万物，漂亮得没有半点俗态。

在峡谷尽头，一挂仙人长须似的瀑布，伴着轰响的瀑声从一百六十米高处一倾而下，砸成整个华南地区落差最大的单级瀑布。水雾爬在发梢，爬在颈后，凉凉又爽爽。瀑床下，一洞幽幽，河水直入不见，重走洞中世界。

两面山廓上，蕨叶阔大，密密堆叠，远看蕨坪，那种细致、丰满和整齐的仪态，实在叫人忍不住一叹二叹接三叹。蕨坪前，三两草亭静静，宛然一幅古意山水。

你就在草亭下站着吧，再看一眼长长长长的白色水胡须，用眼光去抚摸那水做梦的地方。

那时候，你也许会听见某个壮衣女孩在瀑台前和风而歌，富有穿透力的声音，慢慢唱着通灵大峡谷的万年心事。

编者的话

南宁，一座古老而又年轻的城市。说她古老，是因为早在史前一万多年，壮、汉先民就已经在这块土地上生活；说她年轻，是因为她是20世纪50年代开始崛起的一座新兴的现代化城市。记得十多年前，南宁人去外地，常常会被问道："南宁在哪里？"南宁作为广西的首府，在世人的印象中如此陌生，常令南宁人感到尴尬。

如今，随着十多年来南宁经济社会的飞速发展，"半城绿树半城楼"早已让南宁这座"中国绿城"闻名海内外。这里一年四季绿荫如盖，繁花似锦，草经冬而不枯，花非春而常放，青草一地凝碧，绿树满街婆娑。绿在城中，城在绿中，山、河、湖、溪与绿树、鲜花交相辉映，绿化、美化、亮化、彩化与亚热带风光融为一体。市区色彩斑斓的建筑、拔地而起的楼宇，掩映在果树、花丛之中。扬美古风、青山塔影、明山锦绣、望仙怀古、伊岭神宫、九龙戏珠、南湖情韵、龙虎猴趣、凤江绿野、邕江春泛等南宁十大景观，构成了南宁多层次的旅游景观，使人如入画境，流连忘返。"绿城美，壮乡情，南国风"，绿在南宁扩展，美在南宁延伸。

美丽的景观天赋，独特的面向东南亚，背靠大西南，毗邻粤、琼、港、澳的区位优势，中共南宁市委、南宁市人民政府的前瞻性规划理念加上市民的创造和热情，打造出了南宁快速崛起、迈向区域性国际城市的六张独特名片："全国文明城市"、"联合国人居奖"、"中国绿城"、"广西北部湾经济区核心城市"、"中国—东盟博览会永久举办地"、"南宁国际民歌艺术节"。这六张名片在南宁加快建设区域性国际城市和"广西首善"之区的过程中发挥了独特的作用，让南宁的区域性国际城市蓝图愈加清晰可鉴。另外，南宁被海内外誉为中国通往东南亚的"黄金走廊"，这也代表了国际社会对南宁的国际地位的认可，以及体现了南宁在中国的发展建设中重要的经济地位和战略地位。一个接着一个的重大历史机遇使南宁赢得了世界的瞩目，更多地被人们提起，更多地为人们所关注。

今天的南宁，这座有着近一千七百年建城史的城市，正以其青翠如画、风光旖旎的独特风貌，向世人叙说自己千百年来与中原大地一样孕育和发生的众多的故事。这是一座秀美如诗、充满情韵的壮乡歌城，这是一座民风朴实、风情万种的南疆边城，这是一座历史悠久、源远流长的文化古城。山水充满情韵，乡野飘满歌声。作为编者，我们要从叙说历史、讲述民风、体验山水三个角度，以轻松优美的笔调，结合精彩珍贵的图片，把一个形象丰富的南宁娓娓道来，图文并茂地展示南宁的发展历程和清新靓丽的新姿，展示生活在南宁这块土地上的人民的民风民俗，展示南宁那充满神韵的山水风光，把一个全新、美丽、和谐、进步、安康的南宁告诉世人。这，就是我们近十年后把原于2004年出版的《南宁历史文化》丛书修订为这套《文化南宁》的初衷。

今天，《文化南宁》终于面世了，新版面带来新风格， 新形式融合新内容。这套书，分为《千年写真》、《民间记忆》、《山水沉香》三册，其中材料或出自历史档案，或源于亲历者口述访谈，可作为史书看，可作为掌故看，亲切可信。我们希望读者闲来一读，在轻松愉悦中认识、了解南宁，发现南宁的美丽，提高对南宁的认知度。其实，南宁是一个不错的地方，是您愿意来，也值得来的地方。

这套书在编撰中得到了中共南宁市委、南宁市人民政府领导的关心和支持，许多老领导和老前辈也为这套书的编撰提出了许多好建议和修改意见。同时，广西壮族自治区民族事务委员会、广西壮族自治区博物馆、中共南宁市委党史研究室、南宁市文化局、南宁市人民政府地方志编纂办公室、南宁市文物管理办公室、南宁市旅游局、南宁市博物馆、中共武鸣县委宣传部及县文物所、中共邕宁区委宣传部及区文体局、中共横县县委宣传部和县博物馆、中共宾阳县委宣传部和县旅游局、中共上林县委宣传部和县文物所、中共马山县委宣传部和县文物所、中共隆安县委宣传部等单位对这套书的编撰给予了鼎力的支持和帮助。在此谨向所有帮助支持我们的单位、领导、前辈表示我们最衷心的感谢！

编　者

2012年3月